Chants de la Mère

Chants devotionnels de Sri Mata Amritanandamayi

Volume 1

Mata Amritanandamayi Center, San Ramon
California, États Unis

Chants de la Mère, Volume 1

Publié par :
Mata Amritanandamayi Center
P.O. Box 613
San Ramon, CA 94583
États Unis

——————— *Bhajanamritam Volume 1 (French)* ————————

Première édition par le Centre MA : août 2016

En France :
Ferme du Plessis
28190 Pontgouin
www.ammafrance.org

En Inde :
www.amritapuri.org
inform@amritapuri.org

L'importance du chant dévotionnel

Mes enfants, en ce *kali yuga* (âge sombre du matérialisme), pour obtenir la concentration, les *bhajans* (chants dévotionnels) sont plus abordables que la méditation. Si nous chantons à voix haute, nous oublions les bruits environnants, sources de distraction, et nous parvenons ainsi à nous concentrer. Les bhajans, la concentration et la méditation, telle est l'ordre de la progression. Mes enfants, garder le souvenir constant de Dieu, c'est la méditation.

Si les bhajans sont chantés avec concentration, ils seront bénéfiques pour le chanteur, pour l'auditoire et pour la Nature. À force d'écouter de tels chants, un réveil intérieur se produira.

Les bhajans sont une discipline spirituelle dont le but est de concentrer notre esprit sur notre divinité d'élection. Grâce à cette concentration, on peut se fondre dans le Divin et faire l'expérience de la béatitude de son véritable Soi.

Il importe peu que l'on croie en Krishna ou au Christ, en Kali ou en Marie, ou encore en un Dieu sans forme; on peut aussi méditer sur une flamme, une montagne ou sur la paix dans le monde, tout en chantant.

Chacun peut savourer la paix venant du Divin qui est en lui en laissant son esprit se fondre dans le son des chants divins.

Sri Mata Amritanandamayi

Guide de la prononciation

NB : Ces indications sont générales et imparfaites. Elles concernent surtout le sanskrit et le malayalam. Il est donc essentiel d'écouter attentivement la cassette ou le CD pour chanter correctement. Les chants en tamoul et en hindi se prononcent un peu différemment. Par exemple en tamoul, le c de la transcription se prononce comme celui de Céline en français et non tch :

Voyelles

A	comme	a	dans	Amérique
AI	comme	aï	dans	aïe
AU	comme	ao	dans	cacao
E	comme	é	dans	école
I	comme	i	dans	Italie
O	comme	o	dans	or
U	comme	ou	dans	choux

Consonnes

KH	comme	kh	dans	Eckhart en allemand
G	comme	g	dans	garage
H	comme	h	dans	harvest en anglais
GH	comme	gh	dans	loghouse en anglais
PH	comme	ph	dans	shepherd en anglais
BH	comme	bh	dans	clubhouse en anglais
TH	comme	th	dans	lighthouse en anglais
DH	comme	dh	dans	redhead en anglais
C	comme	tch	dans	Tchernobyl
CH	comme	ch-h	dans	staunch-heart en anglais
J	comme	dj	dans	Djibouti
JH	comme	dge	dans	hedgehog en anglais
Ñ	comme	ny	dans	canyon
Ś	comme	sh	dans	shine en anglais mais plus sifflé
Ṣ	comme	ch	dans	cher

Ṅ	comme	**ng**	dans	**sing**, (nasal) en anglais
V	comme	**v**	dans	**vallée**
ZH	comme	**rh**	dans	**rhythm** en anglais
Ṛ	comme	**r**	dans	**r'bouteux** (semi-voyelle)

Les voyelles surmontées d'un trait sont longues, elles se prononcent comme celles indiquées plus haut mais durent deux fois plus longtemps.

Les consonnes qui ont un point en-dessous (ṭ, ṭh, ḍ, ḍh, ṇ, l, ṣ) sont des consonnes palatales, qui se prononcent avec le bout de la langue contre le palais.

Ces mêmes lettres sans le point sont des consonnes dentales, qui se prononcent avec la langue à la base des dents.

Les doubles consonnes sont fréquentes, elles se prononcent et on doit les entendre.

Le ṭ sonne souvent un peu comme un ḍ ce qui n'est pas du tout le cas de ṭṭ qui sonne très dur. Si la personne qui chante est une femme il est parfois nécessaire de changer le genre des mots, par exemple *putran* (fils) devient *putri* (fille), *dasan* (serviteur) devient *dasi* (servante) et *makan* (fils) devient *makal* (fille). Il n'est pas possible de mentionner toutes ces variantes dans ce livre et le public francophone ne s'en apercevra pas. Si vous voulez chanter devant un public indien, vérifiez d'abord que le texte est correct.

ABHAYAM ABHAYAM AMMĀ

abhayam abhayam ammā ammā (3 fois)
ajñānikaḷām aṭiyangaḷil nī
aparādhangaḷ poṟuttiṭa vēṇam
ajñānikaḷām ñangaḷil ennum
kaniyēṇamē mahāmāyē

O Mère, donne-moi refuge, donne-moi refuge.
Pardonne les erreurs que Ton serviteur ignorant a pu commettre.
O grande Illusion, sois miséricordieuse envers Ton serviteur ignorant.

annapūrṇṇeśvari akhilāṇḍeśvarī
anātha rakṣaki mahāmāyē
annapūrṇṇēśvari rājarājēśvari
śaraṇam ēkuka śaraṇam śaraṇam

O Annapurnesvari, Déesse de l'univers, Protectrice des malheureux.
O grande Illusion, Rajarajesvari, donne-nous refuge.

ĀDI PARĀŚAKTĪ

ādi parā śaktī ādi parā śaktī
ādhikaḷ tīrttaruḷū dēvi ādi parā śaktī

O Pouvoir suprême et primordial,
donne-nous Ta bénédiction, délivre-nous de la douleur.

navayiru guṇitakaram dēvi
vāhanam oru simham
kamaladaḷam tozhumā kaṇṇukaḷ
oru mṛdu hāsakaram (ādi)

O Déesse aux dix-huit bras dont la monture est un lion,
les pétales de lotus eux-mêmes vénèrent Tes yeux,

O Toi au doux sourire.

oḷi chitaṛum vadanam
dēvikkoru pōlezhu guṇam
gajamṛga madanataram kōpam
ajanādikaḷ bhajitam (ādi)

Ton visage est rayonnant et Tu maîtrises parfaitement les sept vertus. Ta colère est pareille à celle d'un éléphant fou et Tu es vénérée des dieux comme Ajan.

tiriyuka mama hṛdi nī nityam
choriyuka sakala varam
karutukayagatiyayum vazhipōl
akhilāṇḍēśvariyē! (ādi)

O Déesse de l'univers, danse
pour toujours dans mon cœur,
en m'accordant toutes les bénédictions.
Prends en considération celui qui Te supplie.

ĀDI PURŪṢA

ādi purūṣa ananta sayana
nāda svarūpa nara hari rūpa
hari nārāyaṇa hari nārāyaṇa
ammē nārāyaṇa lakṣmī nārāyaṇa

ādi purūṣa	L'Être Premier
ananta sayana	Celui qui repose sur le serpent Ananta (le Temps)
nāda svarūpa	Dont la nature est le son Om
nara hari rupa	Celui qui se manifeste comme un Homme-Lion
hari	Celui qui sauve ceux qui sont dans la douleur
nārāyaṇa	Celui qui repose sur les eaux primordiales
ammē, lakṣmī	La Déesse Mère Lakshmi

ĀDIYIL PARAMĒṢVARIYĒ

ādiyil paramēṣvariyē
akhila lōka jananiyē
ārumilla gati enikku
ammayallātīyulakiṅkal (ādiyil)

O Déesse suprême et primordiale,
O Mère de tous les mondes,
je n'ai en ce monde d'autre but que Toi.

pālikkunnu mūnnu lōkangaḷ
nīlavāri jalōchanayamma
mālakattu kalē! kamalālayē!
mūla kāriṇī! māyē manōharē! (ādiyil)

Mère aux yeux splendides, semblables aux pétales
du lotus bleu, Tu préserves les trois mondes.
O Toi qui résides dans le lotus, Maya, O Beauté,
Source de toute chose, délivre-moi de mes peines.
kàttukoîîaâam enne käpàmayì...!

ārttināśinī samsāra tāriṇī...!
bhakti, mukti pradāyinī ambikē!
kīrtti rūpiṇī kāttyāyanī namaḥ (ādiyil)

Protège-moi, Déesse miséricordieuse, Destructrice
de l'avidité, Toi qui nous fais traverser le monde
de la transmigration. O Mère, Toi qui donnes
la dévotion et la libération, glorieuse Déesse,
Katyayani, devant Toi, je me prosterne.

viṣṭapē! sarva buddhiyum, vidyayum
tuṣṭi, puṣṭiyum, sṛṣtiyum nī tanne
iṣṭa sādhikē dhārṣṭya makattiyen
kliṣṭatapōvān chittē vasikkaṇam (ādiyil)

O Déesse de la terre, Toi qui es Sagesse et Connaissance,
tout ce qui est joie, nourriture et création, tout cela n'est que Toi.
O Toi qui exauces les désirs, délivre-moi de l'orgueil.
Réside dans mon mental pour dissiper ma douleur.

ĀGAMĀNTAPPORUḶE

āgamāntapporuḷē jaganmayī
āraṟiyunnu ninne vidyāmayī
ānandātmikē nityē nirāmayī
ādiśakti parāśakti pāhimām

O Essence des *agamas* (Ecritures révélées),
Toi qui imprègnes l'univers tout entier,
qui Te connaît, Toi qui es pure sagesse ?
O Soi de Béatitude, Etre éternel qui ne connaît pas la douleur,
O Puissance suprême et primordiale, protège-moi.

sarvāntaranga nivāsini sarvajña
nirvāṇa saukhya pradāna parāyaṇi
duṣṭarkkorikkalum kandukiṭṭāttavaḷ
śiṣṭartan dhyānattilennum viḷaṅguvōḷ (āgamānta)

Déesse omnisciente, Tu résides dans tous les cœurs,
prête à offrir la béatitude de la Libération,
Tu ne peux être vue par les êtres malveillants,
mais Tu resplendis à jamais dans la méditation des vertueux.

satvādi śaktiyāl lōkaṅgaḷokkeyum
kāttu kalpāntamellāmazhikkuvōḷ
apparā śakti dēvī bhagavatī
kelppunalkuken buddhikkanāratam (āgamānta)

Avec des énergies telles que la sagesse (*sattva*),
Tu protèges tous les mondes, Toi qui

nous as sauvés du déluge universel,
O puissante Déesse, fortifie mon intellect.

nityayāyi niṛaññu viḷangunna
satyarūpiṇi dēvī sanātanī
martyaril mandanennil teḷiññu nī
mukti mārgam paṛaññu tannīṭaṇam (āgamānta)

Toi qui éclaires toutes choses sous la forme de la Vérité,
O Déesse éternelle, montre-moi le chemin de la Libération,
brille en moi qui ne suis qu'un sot parmi les humains.

ipparā śaktiyāṇindrādi dēvakaḷ
keppōzhum māśraya bhūtayāyuḷḷavaḷ
pāriloruvanāru bhavadīya
pārāvāra samānta ralīlakaḷ (āgamānta)

Ce suprême Pouvoir est le support de tous les dieux tels Indra.
Nul en ce monde n'est capable de connaître vraiment
Tes jeux divins, infinis comme les vagues de l'océan.

vyaktamāyippaṛayunnu nityavum
chittil vannu teḷiyukayambikē
tval charitrangaḷ vazhttāneṭukkuka
muktayākkukī māyayil ninnu nī (āgamānta)

Mère, je te le dis clairement…
Entre et brille dans mon cœur,
choisis-moi pour glorifier Tes exploits
et libère-moi de cette Maya.

ikkanda nānā charācharam okkeyum
en mahādēvī nin līlakaḷ niśchayam
mūrttikaḷ mūvarum vāzhttum kazhaliṇa
mārttya nāmi vanennum namikkunnu (āgamānta)

O Pouvoir suprême, tout ce qui existe, animé
ou inanimé, n'est rien d'autre que Ton jeu (*lila*).
L'humanité se prosterne à Tes pieds qui sont adorés
par les trois grands Dieux (Brahma, Vishnu, Shiva).

ĀGATANĀYI

āgatanāyi āgatanāyi viṣṇu dēvan
āśamsakaḷ nalkuka nām dēvanu nityam
lōkādhi nāyakan vannallō
lōkatti nāśvāsamēkuvānāyi (āgatanāyi)

Le Seigneur Vishnu est venu ! Le Seigneur Vishnu est venu !
Offrons sans cesse notre adoration au Seigneur.
Le Seigneur suprême est venu soulager le monde.

mannil vāzhum marttyaruṭe klēśa makattān
mannilekkitā dēvan vannu nilkkunnu
śānti nāyakan dēvan kāruṇya pūrṇnan
mōkṣa mārggamēkuvānāyi vanniṛaṅgiyō (āgatanāyi)

Le Seigneur est venu sur la terre pour délivrer les humains de leur souffrance. Le Seigneur de la Paix, plein de compassion, est venu nous montrer le chemin de la Libération.

ĀJĪVANĀNTAM

ājīvanāntam bhajikkyām ñān
ātaṅkaminnu nī tīrttu tarū
ādi parāśaktiyāya dēvī
āmayam nīkki anugrahikkū (ājīva)

Je T'adorerai jusqu'à la fin de mes jours
mais dès aujourd'hui libère-moi de ma peine.
O Déesse, Puissance suprême et primordiale,

bénis-moi, soulage-moi de ma douleur.

sarvā bhīṣṭavum nalkumammē
sarvārtthasādhikē lōkamātē
sarvāvalambayām śaktirūpē
śarvarī śāśvatē satyamūrttē (ājīva)

Mère qui exauce tous les désirs, O Maya
(illusion) universelle qui exauce tous les souhaits,
Ta forme est énergie, Support de toute chose,
Parvati, Incarnation éternelle de la vérité.

tyāgaṅgaḷetra sahikkunnu ñān
tāmasamentē kaṭākṣikkuvān
tāyē nin māyayil āzhttiṭollē
tāvaka pādam namāmi nityam (ājīva)

Combien de souffrances dois-je encore endurer ?
Pourquoi tardes-tu à me lancer un regard miséricordieux ?
O Mère, ne me noie pas dans Ta maya.
Je me prosterne pour toujours à Tes pieds.

AKALATTĀ KŌVILIL

akalattā kōvilil oru tiri prabhayennum
aṇayā tirunnirunnū......
iruḷilppeṭṭuzhalunna manujarkku vazhi kāṭṭān
kanivārnnirunnirunnu, ammā
kanivārnnirunnirunnu

Dans un temple lointain, une flamme brûlait, inextinguible.
La Mère rayonnante de compassion était assise là

pour ceux qui errent dans les tśnēbres.
oru dinamatu vazhi alayumpozhenneyā
prabhāmayi māṭi viḷichū....

tiru naṭa tuṟannamma kaḷabha meṭuttente
neṟukayil aṇiyichū...... nerukayil aṇiyichu

Un beau jour qu'en ces lieux je vagabondais,
cette radieuse Incarnation m'appela.
Ouvrant le sanctuaire intérieur,
Elle me mit sur le front de la pâte de santal.

hari gīta svaramūti tirumṟdu karataril
mayaṅguvān iṭamorukkī
oru nava svapnamenarikattu vannirunnoru
satya muracheytu... oru satya muracheytu

Tout en chantant les louanges du Seigneur,
Elle me fit une place sur son doux bras sacré.
C'est alors qu'un merveilleux rêve divin murmura
à mon oreille cette noble vérité :

karayunna tiniyentin akhilēśi tiruppā-
dattaṇaññenna taṟiññillayō
oru neṭu vīrppumāyuṇarnniṭṭā mukha patmam
teḷivōṭe kaṇikandū...ñān
teḷivōṭe kaṇikandū

« A quoi sert-il de pleurer ? Ne sais-tu pas
que tu as approché les pieds sacrés du Seigneur ? »
Je m'éveillai alors en poussant un soupir,
et je vis devant moi son visage de lotus.

AKALE AKALE

akale akale oru maṇi nādam
kēḷkkunnu praṇavamām śankhu nādam
akalekkāṇunna malamukaḷil
tāyi karumāritan śrī kōvil

De loin, de loin vient le son de la cloche qui tinte.
De loin, de loin vient le son de la conque qui souffle.
Cela vient du temple de Mère Karumari,
là-bas au sommet de la montagne.

manassoru kōvil dēvī tannālayam
rāgādikaḷāl oru bhrāntālayam
iṭamillāteyen tāyipinmāṟi
akaleyakannu pōyi tāyi karumāri

Le mental est un temple, la demeure de la Mère divine.
Mais les passions, nées de l'attraction et de la répulsion,
en ont fait un asyle de fous. Comme il n'y avait plus
de place pour Elle, Mère Karumari est partie ailleurs.

akale maṇi nādam - muzhangunnu
manassine māriyamman viḷikkunnu

Au loin sonne la cloche. Mère Mariyamma appelle le mental.

tāyi tannu sangītam tāyē maṟannu nī
kāminī stuti pāṭum kāmākṣi manassē
kāmākṣiye bhajikkū kāmam tyajichu nī
śāśvatānandam bhujikku manassē

C'est la Mère divine qui nous a donné le pouvoir de chanter,
mais le mental, ayant oublié Mère, chante les louanges
de sa petite amie. Abandonnez les désirs et adorez
Mère Kamaskshi, vous goûterez ainsi la Joie éternelle.

akale maṇi nādam - muzhangunnū
manassine māriyamman viḷikkunnu

Au loin sonne la cloche.
Mère Mariyamma appelle le mental.

bhajikkān kōvilil ēkantatayil
vaḷarān pāitalāyi en tāyi maṭiyil

varamaruḷukayammē ninnil aliyān
nin amṛtānandam nitarām nukarān

Donne-moi Ta bénédiction, Mère, afin que je puisse T'adorer dans un temple ou dans la solitude, et grandir comme un enfant sur Tes genoux. Fais que je puisse m'unir à Toi et boire à jamais le nectar de la Félicité éternelle.

kāmini kāñchanam akalēṇam
manassil māriyamman teḷiyēṇam

Donne-moi Ta bénédiction pour que disparaissent en moi luxure et cupidité et que Mère illumine mon mental.

ATBHUTA CHARITRĒ

(prononcé albhuta charitre)

atbhuta charitrē amaravanditē
tvatpada bhaktikkāyi kelpu nalkaṇē
andhatayāl cheyta karmangaḷ - ārtta
bandhuvām ninnilitā arppikkunnēn
akṣamayāl chonna jalpanamokkeyum
ikṣiti nāthē kṣamikkaṇē

O Toi devant qui se prosternent les êtres célestes,
Toi dont la légende est merveilleuse, donne-nous la force
d'éprouver de la dévotion envers Tes pieds.
Nous T'offrons toutes les actions que nous avons faites
dans les ténèbres de l'ignorance, Toi qui protèges les désespérés.
Pardonne notre impatience, O Souveraine de l'univers.

phulla bāla ravikatirpōl ambikē
ulla sicchiṭēṇamente hṛttaṭē
tellubhēda buddhi tanniṭāte nī
tulya bhāva bōdham ēkiṭēṇamē

O Mère, je T'en prie illumine mon cœur comme le soleil
qui se lève à l'aube, permets-moi de transcender
toute dualité et accorde-moi la conscience de l'Unité.

sarva karma puṇya pāpa kāriṇī
sarva bandha bhēdinī mahēśvarī
sarva tattva sāra mukta pātayil
dharma mūla pāda rakṣayekaṇē!

O grande Déesse, Source de toutes les actions, bonnes ou mauvaises,
Toi qui libères de tous les liens, donne-moi pour sandales
sur le chemin de la délivrance toutes les vertus essentielles,
l'essence de tous les principes.

AMBĀ BHAVĀNI JAYA

ambā bhavāni jaya jagadambē
ambā bhavāni jaya jagadambē
ambā bhavāni jaya jagadambē
ambā bhavāni jaya jagadambē

Gloire à la Mère, Parèdre de Bhava
(le Dieu Shiva) Mère de l'univers!

AMBĀ BHAVĀNI ŚĀRADĒ

ambā bhavānī śāradē
jagadambā bhavānī śāradē

Mère, Parèdre de Shiva, Déesse de la Sagesse.

sāhītya raśa pāna saraśa ullāsinī
kavi jana bhūṣinī kāma vilōchanī

Déesse aux yeux de lotus, Tu bois le suc de la littérature,
Tu as le sens de l'humour, Ornement des poètes.

sṛngāra raśa pāna vāṇi girvāni
sarva vēda raśa pāna sarasauḷḷāsinī

Le sentiment d'Amour fais Tes délices,
Déesse du sanskrit, Tu savoures l'essence des Védas.

sangīta nāda prīya nāda tanūmayī
ratna hari śōbhinī rājivalōchanī

Toi qui aimes la musique, Ton corps est le Verbe,
Gemme étincelante, Déesse aux yeux de lotus.

vāgme vachāli vāchāmagōcharī
uḷḷa lōchanī uḷḷa vānantanī

Source du langage, Toi que les mots ne peuvent atteindre,
magnifiques sont Tes yeux, Tu es l'Infini.

hamsa lōlanī sadā pāni
pani gaṇa bhūshanī ṛṣi gana sēvitā

Tu joues dans le mental des sages,
parée de serpents, Toi que servent les sages.

satchid ānandinī sādhu rakṣinī
nandini ānandinī satchid ānandinī

Être-Conscience-Béatitude, Toi qui sauves les saints,
Tu es la Béatitude, l'Absolu, la Réalité.

AMBĀ MĀTĀ

ambā mātā jaganmātā
vīramātā satya prēmadātā

O Mère Divine, Mère du monde, Mère à l'Energie infinie, Tu donnes la Vérité et l'Amour divin.

ambā mayī jaganmayī
vīra mayī satya prēmamayī
(amṛtamayī satya prēmamayī
amṛtamayī visva premamayi)

O Toi qui es l'univers entier, l'Energie.
Toi qui es la Vérité et l'Amour divin.

AMBĀ SAHITA

ambā sahita mahādēva
jagadambā sahita mahādēva
hara hara śaṅkara mahādēva
girijā ramaṇa sadāśiva

O grand Dieu uni à la Mère, O grand Dieu uni à la Mère du monde, Toi le Destructeur, grand Dieu propice, Bien-aimé de Girija (*la fille de la montagne*), Toi qui toujours es favorable.

AMBIKĒ DĒVI

ambikē dēvī jagannāyikē namaskāram
śarmadāyikē śivē santatam namaskāram
ambikē dēvī jagannāyikē namaskāram

O Mère, Déesse de l'univers, je me prosterne devant Toi.
O Toi qui donnes le bonheur, je me prosterne devant Toi.

śānti rūpiṇī sarva vyāpinī mahāmāyē
antādi hīnē ātmā rūpiṇī namaskāram

O Toi dont la forme est paix, Toi l'Omniprésente,
grande Magicienne sans commencement ni fin.
Ta forme est le Soi, je me prosterne devant Toi.

ēvarkkum gatiyamma ētinum avalambam
pāvanī durgē bhakta vatsalē namaskāram

O Mère, Tu es le seul refuge et le seul support de chacun.
O Durga si pure, Toi qui es si douce envers les dévots,
je me prosterne devant Toi.

buddhiyum aṛivum nī vākkum ambika tannē
chittatte nayippatum aviṭunnallō dēvī

Intelligence, connaissance et parole ne sont autres que Toi.
O Dévi, c'est Toi qui diriges le mental.

mangaḷ ātmikē satyam īvidha mirikkyumbōḷ-
engane vāzhttum ninne īśvarī (chinmayī) namaskāram

O Déesse, Ta véritable nature est d'être auspicieuse.
Puisque Tu es la Vérité, comment puis-je T'adorer ? Je Te salue.

enguñānahō mandan, ānanda svarūpiṇī
enguvān bhavarōga bhēṣajam bhavadrūpam

O Béatitude, je ne suis qu'un pauvre sot. Partout, je ne vois
que la maladie du cycle des vies et des morts.
Mon seul remède est Ta divine présence.

niṅkalanvaham chittam niṛuttum bhaktanmāril
vankanīvati vēgam ambanī choriyunnu

Répands sans tarder Ta miséricorde sur tous les dévots
qui s'efforcent constamment de fixer leurs pensées sur Toi.

sēvanōchītam bīja mantram ñān aṛivīla
bhāvanaykkangēppuṛam prābhavam bhavadīyam!

Je ne connais pas les *bija* mantras appropriés pour Te servir.
Ta gloire est bien au-delà de tout ce que l'on peut imaginer !

AMBIKĒ JAGADAMBIKĒ

ambikē jagadambikē
umā mahēśvarī jagadambikē
ambikē mūkambikē
ambā paramēśvarī mūkambikē

kadambarī ambā svētāmbarī
hari sōdari ambā śiva śankarī
hari sōdari ambā śiva śankarī

mahēśvarī ambā jagadīśvarī
sarvēśvarī akhila lōkeśvarī
sarvēśvarī akhila lōkeśvarī

ambikē	Mère
jagadambikē	Mère de l'univers
umā mahēśvarī	la Grande Déesse qui résorbe l'univers en elle même
paramēśvarī	Déesse suprême
mūkambikē	Déesse Mère du temple de Mukambika
kadambarī	Qui demeure dans la forêt aux arbres de Kadamba
svētāmbarī	Habillée de blanc
hari sōdari	Sœur du Seigneur Vishnu
śiva śankarī	Celui qui confère les auspices favorables
mahēśvarī	La grande Déesse
jagadīśvarī	La Créatrice de l'univers
sarvēśvarī	La Déesse souveraine de tout
akila lōkēśvarī	La Déesse de l'univers entier

AMMA AMMA TĀYĒ

ammā ammā tāyē
akhilāṇḍēśvarī nīyē
anna pūrṇṇēśvarī tāyē
ādi parāśaktī nīyē
ammammā..... ammā ammā tāyē

O Mère, Mère divine bien-aimée,
Déesse de l'univers,
Toi qui donnes à tous leur nourriture,
Puissance suprême et primordiale.

īmmānilattil ellām... amma
naṭakkutammā untan āṭalināl (ammā)

Tout en ce monde est Ton jeu divin.

rakṣikka vēndum ammā ammammā - (2)
kukṣiyil chumakkāmal kōṭi
lakṣam uyirkaḷ īntāyi (rakṣikka)

Mère protège-moi, O Mère protège-moi...
Sans avoir conçu en Ton sein, Tu as donné naissance
à des millions et des millions d'êtres humains.

pakṣi vāhananin sōdari saundarī....
peṭra mutal unne pāṭīṭuvēn
pari pūraṇī kāraṇī nāyakī nīyē.....

O Sœur du Seigneur Vishnu, monté sur l'oiseau Garuda,
O Toi si belle, depuis que je suis né je chante Tes louanges.
Tu es la Perfection, la Cause primordiale, la Destructrice...

lakṣiyam enakku nīyē... ammā...ammā
alakṣiyam cheytīṭāte
jagadēśvarī tāye bhuvanēśvarī nīyē

kachhai kaṭṭi enne nī ammā...ammā
kavalaippaṭutta eṇṇināl
kattiṭuvār yārō
kāmākṣi mīnākṣi nī sākṣī (rakṣikka)

Tu es le but de ma vie, O Mère. Ne m'ignore pas,
O Déesse du monde, Déesse Lalita, Souveraine du monde.
O Mère, si sans arrêt Tu me plonges dans les pires difficultés,
qui d'autre me protégera ? O Mère aux yeux charmants,
Tu es le témoin omniprésent de toute chose.

AMMA NIN RŪPAM

ammā nin rūpam ennuḷḷil teḷiyēṇamē
nin darśanam nalkīṭuvān
ammā... nī kaniyēṇamē... (ammā nin)

Mère laisse-moi Te voir clairement dans mon mental.
Sois pleine de compassion et accorde-moi la vision de Ta forme.

satyam maṟaññu nilkunnu nin māyayālambikē
iruḷil tappittaṭayunnu
andhanāyi ñān kālikē
mōhavum rāgadvēṣavum enne marddikkunnu
vazhi kāṭṭuvān gatiyēkuvān
ammā... nī kaniyēṇamē (ammā nin)

Ton pouvoir d'illusion, O Ambika, dissimule la vérité !
Destructrice de l'ignorance, tel un aveugle
je tâtonne dans les ténèbres ! Je suis tourmenté par l'illusion,
l'attraction et la répulsion ! Mère, je T'en prie, montre-moi
le chemin, conduis-moi au But (*l'état d'Unité*).

tanayante kaṇṇīru kandālum
mātṛ hṛdayam aliyukillē

ārōrumillāta paitalināyi
ammē nin kṛpa choriyukillē
ātmadāham tīrkkuvān
ente amāntamammē
sāyujyam nalkīṭuvān
ammā nī kaniyēṇamē (ammā nin)

Devant les pleurs de Ton fils, pourquoi
Ton cœur de Mère ne fond-il pas ?
Ne veux-Tu pas montrer de compassion
à un enfant qui est seul, O Mère ?
Pourquoi tardes-Tu à étancher ma soif
du Soi, O Mère ? Montre-Toi miséricordieuse
et accorde-moi l'éternelle union avec Toi.

AMMATAN NĀMAM

ammatan nāmam kēlkkumbōḷ kaṇṇīr
pozhikkum kaṇṇukaḷ nalkukammē

Donne-moi, O Mère, des yeux
qui versent des larmes en entendant Ton Nom.

ammayē ōrkkaṇam prāṇan pōkumbōḷ
kāikūppi ammē nārāyaṇā ennu
viḷikkum sanmanam nalkukammē

Mère, que ma dernière pensée aille vers Toi
à l'instant de ma mort. Donne-moi un mental pur
qui s'écrie sans cesse « Amma narayana ».

ammē nārāyaṇā dēvī nārāyaṇā
lakṣmī nārāyaṇā bhadrē nārāyaṇā
prāṇan pōkumbōḷ ammayē ōrkkuvān
nityam ammaye smarikkēṇam

ellām ammatan rūpamāyi kāṇēṇam
kaṇṇinum kaṇṇāyenṟammaye uḷḷil
kāṇuvānuḷkkaṇṇēkū ammē

Si l'on veut se souvenir de Mère en rendant
le dernier souffle, à chaque seconde, il faut
penser à Elle et en chaque chose voir
l'une de Ses formes. O Mère, ouvre mon œil intérieur,
afin que je puisse Te voir, Toi, l'Œil de mes yeux.

anantamāmen ammaye ennil
ninnannyamāyi kandāl sadgatiyilla
dvaitabhāvam pōkate śāntiyilla
tattvattil bhakti undākuvān ammatan
pādāravindam praṇamikkunnu

O Ma Mère, Toi l'Infini, si je Te vois différente de mon Soi,
alors je n'ai pas trouvé le véritable but.
Il ne peut y avoir de paix si persiste le sentiment de dualité.
Pour obtenir la dévotion envers l'Idéal, l'Être suprême
dont Mère est l'incarnation,
je me prosterne à Ses pieds de lotus.

uḷḷil amma teḷiyumbōḷ bāhyaprapañcham
svapnam pōl māññupōkum
ente ammayil appōḷ ñān layikkum
brahmasatyam jaganmithyannāvākyam
ennil appōḷ vyaktamākum

Lorsque Mère m'illuminera de l'intérieur,
ce monde extérieur se dissipera comme un rêve.
Alors je ne ferai plus qu'un avec ma Mère.
Alors je comprendrai cette parole des Ecritures :
« Brahman est vérité, le monde est irréel ».

AMMAYALLĒ ENTAMMAYALLĒ

ammayallē... entammayallē
kaṇṇīr tuṭaykkum ponnammayallē (ammayallē)

N'es-Tu pas ma Mère, ma Mère chérie
qui essuie toutes les larmes ?

īrēzhulakinum ammayallē nī
ī viśva kārīṇi nī ammayallē
etranāḷāyi viḷikkunnu ninne ñān
śakti svarūpiṇī nī varillē (ammayallē)

N'es-Tu pas la Mère des quatorze mondes,
la Créatrice de l'univers ? Combien de jours
ai-je passés à T'appeler ? O Toi dont la nature est
shakti (énergie), quand viendras-Tu ?

sṛṣṭi sthitilaya samhāram okkeyum
iṣṭadāna priyē ninnilallē
etranāḷāyi viḷikkunnu ninne ñān
śakti svarūpiṇī nī varillē (ammayallē)

O Toi qui aimes accorder ce que l'on désire,
n'es-Tu pas tout à la fois, la Création, la Préservation
et la Destruction ? Combien de jours...

pañca bhūtaṅgaḷum bhūta samastavum
tātanum tāyum nī tanneyallē
etranāḷāyi viḷikkunnu ninne ñān
śakti svarūpiṇī nī varillē (ammayallē)

N'es-Tu pas le Père, la Mère, les cinq éléments
et le monde entier ? Combien de jours...

vēdavum śāstravum vēdānta vēdyavum
ādi madhyāntavum ninnilallē

etranāḷāyi viḷikkunnu ninne ñān
śakti svarūpiṇī nī varillē (ammayallē)

N'es-Tu pas à la fois les Védas, les Ecritures,
le Védanta, l'origine, le milieu et la fin ?
Combien de jours...

AMMAYENNUḶḶORĀ

ammayennuḷḷorā tēnmozhikkokkumō
pinnuḷḷa nēkāyiram padaṅgaḷ... ?
undō manuṣyante chintaykku taṇguvān
nin snēhamaṇḍalam viṭṭorēṭam ? (amma)

Parmi les milliers de mots qui existent,
lequel a la beauté et la saveur du mot « Amma » ?
Existe-t-il un lieu où puissent se délecter nos pensées,
si ce n'est dans la sphère de Ton Amour ?

ēkāntarāvinte tīrattalayumī
ezhayāmenne nīyōrttiṭāyikil
tīrāvyathakaḷkuvāzhān niyuktamāyi-
tīrumen mānasōdyānarangam (amma)

O Mère, si Tu oublies ce misérable qui demeure
sur les rives des nuits silencieuses et solitaires,
le jardin du mental deviendra la demeure d'une douleur sans fin.

antarangattinnagādha duḥkhangaḷe
bandhu nī tanozhiññāraṛivū.. . ?
ninne bhajippavar nindyarāyttīrukil
nin pādachintaykkorartthamentu ? (amma)

Qui d'autre que Toi, ma seule parente,
peut connaître la souffrance de mon âme ?
Si ceux qui Te vénèrent sont méprisés,
A quoi sert-il de méditer sur Tes pieds sacrés ?

dhanyatā pūrṇṇa prakāśamē nin mizhi-
tumbinālonnuzhiyēṇam enne;
annēramātmāvilānandapīyūṣa
srōtassiluṭe ñān chērnnozhukum (amma)

O Lumière divine ! Caresse-moi d'un regard !
Mon âme pourra alors goûter le nectar de la Béatitude.

AMMAYENNUḶḶORU

ammayennuḷḷoru nāmamōrttīṭavē
rōmāñcamākunna tentē ?
'amma-ennamma' ī chintayilinnu ñān
ellām maṛakkunnatentē ?

Pourquoi mes cheveux se dressent-ils sur ma tête
quand je pense à Ton nom « Amma » ?
Pourquoi plus rien n'existe-t-il
quand je pense à Mère, ma Mère ?

dāhavumilla viśappumillinnahō
snānādiyum viṭṭu pōyi.
nāḷum maṛannu pōyi rāvum maṛannu pōyi
ammayil ellām maṛannu (ammayen)

Je n'ai plus ni faim ni soif. J'ai même oublié
de prendre mon bain quotidien. Je ne sais plus
ni le jour ni la date. J'ai tout oublié en pensant à Mère.

nīlām budhiyilum nīlāmbudattilum
svētāmbarattilum nōkki

kambitagātravumāyi nilkkumen manam
tēṅgippiṭayunnatentē ? (ammayen)

Pourquoi mon mental languit-il, pourquoi mon corps
se met-il à trembler quand je regarde la mer bleue,
les nuages azurés et le ciel blanc ?

ammaye kāṇāttorādhiyām bhāskkaran
kattijvalichu nilkkumbōḷ
ikkoṭum vēnalil tōrāte kaṇṇukaḷ
pēmāri peyyunnatente (ammayen)

Pourquoi des larmes coulent-elles de mes yeux ?
Est-ce l'angoisse d'être séparé de Mère ?
Le feu de cette angoisse me brûle comme le soleil en plein été !

'omkārattin poruḷ ōmana makkaḷē
omkāra māyiṭṭu tīrū'
ammatan tenmozhiyōrttōrttunilkkumen
ātmāvilunmādamentē ? (ammayen)

« O mon enfant chéri, tu es l'essence du Om,
deviens un avec Om », Mon âme est en extase,
lorsque me reviennent ces paroles de Mère.

nīṛum manassukaḷk āsvāsadāyakam
amma tan mōhana rūpam
enninikkandiṭum ennamma vanniṭum
ennilinnonnē vichāram (ammayen)

La merveilleuse forme de Mère est un réconfort
pour le mental en proie à la souffrance.
Je n'ai qu'une pensée : « Quand donc la reverrai-je ? »
Quand donc Mère viendra-t-elle à moi ?

prēmāmṛtattinte nirmmala mādhuri
tūkiṭum svargamgayamma
satya saundaryattinutsavam
mātṛtvam sāramennamma

Mère est le Gange céleste qui répand la pure douceur
du nectar de l'Amour. Mère va célébrer
une fête dédiée à la Vérité et à la Beauté.
Ma Mère est l'Essence de l'amour maternel universel

ammē viśudhiyām śyāmē sadāśivē
ennātma dāyikē velka !
ninnamṛtānanda dāyikam jīvanam
śānti tan nitya vasantam

O Mère, Pure Déesse au teint sombre, toujours propice,
Tu nous donnes l'*atman* (notre âme), sois victorieuse !
Si Tu répands le nectar de Ta béatitude,
La vie deviendra un printemps éternel et paisible.

AMMAYIL MĀNASAM

ammayil mānasam chērnnū - ente
jīvitam dhanyamāyittīrnnu ente
jīvitam dhanyamāyittīrnnu

Mon mental s'est plongé en Mère.
O Mère, ma vie est maintenant comblée.

ninnil ninnanyamāyi tōnnunnatonnilum
tangunnatillente uḷḷam - ammē
tangunnatillente uḷḷam

O Mère, mon mental vagabond
en Toi a trouvé sa demeure.

mōhamengu rāgadvēṣamengu, ingu
svantamākkānonnum illayeṅkil
kṣanam māṛi maṛayumī dukḥhabhūvil
kṣanam māṛi maṛayumī dukḥhabhūvil

Où est le désir, où sont l'attraction et l'aversion
si rien ne vaut la peine d'être possédé en ce triste monde
où tout change et disparaît brusquement ?

bhōgattinoṭṭēṛe kaṇṇīr choriñña ñān
ammē ninnakkāyiṭṭinnu kēzhām
prēma sāgaram kaṇṇīral ñān rachikkām
prēma sāgaram kaṇṇīral ñān rachikkām

O Mère, moi qui ai versé tant de larmes
pour les plaisirs du monde, aujourd'hui
c'est pour Toi que je pleure. Et le flot
de mes larmes deviendra un océan d'amour.

nirmala prēmam ennammayil mātramāyi
bandhichu badhanāyi ammayil ñān
ahō bandhanam muktiyāyi tīrnnuvennō ?
ahō bandhanam muktiyāyi tīrnnuvennō ?

Je suis lié à Mère. Je me suis entièrement lié à Elle
avec tout mon amour et O merveille,
mon lien est devenu libération !

amma mātram enikkamma mātram
ennum ā prēmarāśitann āśa mātram.
ente ātmāvin mantramāyettīrnnuvallō
ente ātmāvin mantramāyettīrnnuvallō

O Mère, je n'ai que Toi. C'est Toi seule que je veux
avec les rais de ton amour, tel est l'unique mantra
que répète aujourd'hui mon cœur.

AMMĒ BHAGAVATĪ

**ammē bhagavatī nityakanyē dēvī
enne kaṭākṣippān kumbiṭunnēn**

O Mère divine, Vierge éternelle, je me prosterne devant Toi
pour que Tu m'accordes un regard miséricordieux.

**māyē jagattinte tāyē chidānanda
priyē mahēśvarī kumbiṭunnēn**

O Maya, Mère de l'univers, pure Béatitude,
Déesse bien-aimée, devant Toi je me prosterne.

**bālē chaturvvēdamūla mantrākṣarī
mēlē mēlē ninne kumbiṭunnēn**

Source de tous les mantras des Védas,
devant Toi, sans cesse je me prosterne.

**ōmkarakkūṭṭile paiṅkiḷippaitalē
nin kāliṇayitā kumbiṭunnēn**

Perroquet qui demeure dans le nid d'Omkara,
à Tes pieds je me prosterne.

**nān mukhan tan mukha paṅkaja vāsinī
nān maṛakkātalē kumbiṭunnēn**

O Toi qui résides dans le visage de lotus du Seigneur Brahma,
Essence des quatre Védas, je me prosterne devant Toi.

**nānā nigamōdyānattil madīchiṭṭu
gānam muzhakkunna kōkilamē**

Tu es le coucou ivre qui chante et folâtre dans le jardin
des Ecritures saintes, je me prosterne devant Toi.

**bhārga viyāyatum pārvatīyāyatum
durgābhagavatī nītānallō**

O Déesse Durga, c'est Toi qui devins Bhargavi et Parvati.

mūrttikaḷ mūvarum dēvatā saṅghavum
kārttyāyanī śakti nītānallō

O Katyayani, Shakti, Tu es la Trinité (Brahma, Vishnu et Shiva)
Et la foule des autres dieux.

chchāyā svarūpiṇī chaitanya kāriṇī
māyāmayē dēvī kumbiṭunnēn

O Toi dont la nature est semblable à l'ombre du Réel,
Cause de la Vie, Tu es pleine de Maya, Déesse,
je me prosterne devant Toi.

lōkam chamaykkayum rakṣicchazhikkayum
lōkeśvarī ninte līlayallō

O Déesse du monde, Ton jeu divin est de créer le monde
et de le sauver en le détruisant.

bālē manōnmaṇi ponnammē ninnuṭe
līlayil ñānu maṇuvutannē

Mental du mental, O Mère adorée, je ne suis
dans Ton jeu divin qu'un simple ver de terre.

tānonnum cheyyāte sarvam cheytīṭunna
dīnadayālō tozhunnēn ninne

O Déesse miséricordieuse envers les affligés,
Toi qui fais tout sans rien faire, devant Toi je me prosterne.

brahmāṇda kōṭikaḷ sēvichīṭunnāru
brahma svarūpiṇi kumbiṭunnēn

Ta nature est Brahman, Toi qui sers dix millions
d'univers, devant Toi je me prosterne.

lūtam kaṇakke bhuvanam chamaykkunna
mātāvē nin pādam kumbiṭunnēn

O Toi qui crées le monde comme une araignée
tisse sa toile, devant Toi je me prosterne.

kāḷī karāḷī mahiṣaghni śaṅkarī
nāḷī kalōchanē kumbiṭunnēn

O Kali au teint noir, Destructrice du démon Mahisha,
Sankari, Tes yeux ont la beauté des pétales du lotus,
devant Toi, je me prosterne.

kaumārī saṅkaṭa nāśini bhāskarī
bhīmātmajē ninne kumbiṭunnēn

O Déesse toujours jeune, Destructrice de la douleur,
grande Âme, Bhaskari, devant Toi je me prosterne

.āpattu nīkki tuṇacheyken ambikē
nin pattu sampattu nalkiṭēṇam

O ma Mère, sauve-nous en chassant tous les dangers
et accorde-nous les dix sortes de richesses.

AMMĒ BHAGAVATĪ KĀLIMĀTE

ammē bhagavatī kāḷi mātē!
ninne ñāninnu piṭicchu tinnum
onni vanōtunnu amma nī kēḷ
gaṇḍāntamuḷḷa piṛaviyāṇē!

O Mère Kali, Déesse suprême, aujourd'hui
je veux T'attraper et Te dévorer !
Ecoute ce que je Te dis ! Je suis né
sous l'étoile de la mort.

gaṇḍāntayōgam piṟanna piḷḷa
taḷḷaye tinnunna piḷḷayāṇē
onnukil enne nī tinniṭēṇam
allāyikilinnu ñān ninne tinnum

Un enfant né sous une telle conjonction planétaire
dévore sa propre mère. Si Tu ne me dévores pas,
aujourd'hui même je Te dévorerai.

randil ēteṅkilum onnaṟiññē
mindātini mēlil ñānaṭangū
kayyum mukhavum itennu vēnda
meyyilumāke kari puranden;

Je ne resterai pas tranquille tant que
je ne connaîtrai pas Ton choix.
Comme Tu es noire, cette noirceur
se répandra sur tout mon corps.

kōlum kayaṟumāyi vannu kālan
chālē kāyariṭṭu cuttiṭumbōḷ
mēlāke mellayuzhiññuṭan ñān
kālan mukhattu kari puraṭṭum.

Quand Kala, le Seigneur de la Mort, viendra
me prendre avec son nœud coulant, je maculerai
son visage avec la cendre noire de mon corps.

kāḷiyeyuḷḷilotukkiyōn ñān
kālante kāyyil kuruṅgumennō
kāḷi tan nāmam japichu kondu
kālante nēre ñān gōṣṭi kāṭṭum

Comment la Mort pourra-t-elle me saisir,
si en moi Kali est contenue ?
Si je chante le nom de Kali,
alors je me moquerai de *kala* (la mort).

AMMĒ KAṆṆU TURAKKŪLĒ

ammē kaṇṇuturakkūlē
andhata māttān varikillē
āyiramāyiram akhaṇḍa nāmangaḷ
ādaravāyi ñān chollīṭām

O Mère, ne vas-Tu pas ouvrir les yeux
et venir dissiper les ténèbres ? Sans cesse
je répèterai Tes Noms innombrables.

ajñānikaḷuṭe lōkamitil
ajñata māttān mattāru
vijñānattin poruḷallē
nī viśva mahāmayi ammē (ammē)

Dans ce monde fait d'ignorance, qui d'autre que Toi
peut soulever le voile de l'ignorance ?
Tu es l'Essence même de la Connaissance,
la Puissance sous-jacente à l'univers.

bhakta priyayām amṛtēśvari
nin bhaktan māril kaniyillē
tṛppādattil namikkām ñangal,
tṛkkaṇpārkkukayillē (ammē)

Tu es chère aux dévots, Tu es la vie de leur vie.
Ne vas-Tu pas nous lancer un regard miséricordieux,
nous qui sans cesse nous prosternons à Tes pieds ?

saptaṛṣikaḷum ninnōmal
sūktam pāṭi naṭanillē
tapta manaskar ñangaḷ
viḷippū śaktimayī nī varukillē (ammē)

Les sept sages ne cessent de chanter Tes louanges
et maintenant nous, pauvres malheureux,
nous T'appelons. Ne viendras-Tu pas ?

AMMĒ UḶAKAM

ammē uḷakam aviṭutte kāivaśam
chemmē veṟumoru bhrāntālayam
nin snēhamākavē varṇṇippāninnivan
engane śāktanākum dēvī... engane śāktanākum

O Mère, Ton univers en vérité est une maison de fous.
O Mère divine, comment pourrais-je décrire Ton Amour divin ?

ninnōmal kāikaḷkonden chittatāriṅkal
prēma rasamūṭṭi nī dinavum.
dēhātma bōdhattāl ēṟum ahammati
nīkki unmādamēkū ninṟe bhakti unmādamēkū

Je T'en prie, donne-moi chaque jour de Ta main merveilleuse
le nectar de l'Amour ! Dissipe mon orgueil,
né de l'identification erronée du Soi avec le corps,
et rends-moi fou de cet amour !

kāḷiyennōtumbōḷ en nayanam sadā
kaṇṇīr pozhiykkumeṅkil
chuṭu kaṇṇīr pozhiykkumeṅkil
āgamakkātalē vēda vēdāntangaḷ
apradhānangaḷallō atu buddhiykku mātramallō

O Mère, Cœur des Ecritures, si mes yeux pouvaient
verser les larmes de dévotion lorsque je prononce le nom de Kali,
alors toutes les Ecritures deviendraient secondaires,
ne servant plus qu'à l'intellect.

AMṚTĀNANDA SVARŪPA

amṛtānanda svarūpa manōhari.....
mātā amṛtamayī
hṛdaya sarōruha daḷamatilennum
amṛtam tūkiyor amṛtamayī

Enchanteresse du mental, Ta nature est Béatitude immortelle,
O Mère d'ambroisie, les pétales du lotus du cœur (*chakra du cœur*)
seront toujours imprégnés de Ton nectar, O Ambroisie.

praṇavapporuḷāyi vilasum tava mṛdu-
charaṇa sarōjam mama śaraṇam
taḷarum jīvanu taṇal aruḷīṭum
surataruvallō mama jananī... (amṛtānanda)

Que Tes délicats pieds de lotus, qui brillent
comme l'essence du son Om, soient mon refuge.
Tu es l'arbre céleste qui prodigue de son ombre
aux âmes lasses (*du monde*), n'est-ce pas, O ma Mère ?

janmāntarangaḷil mungum manujarkku
unnaṭi ennum nīyē...
en mānasamatil ennum ninnuṭe
chinmaya bhāva muṇarttû..... dēvī (amṛtānanda)

Tu es le refuge éternel de l'Homme emporté
par le cycle incessant de la naissance et de la mort.
Que Ta divine Conscience, O Dévi, s'éveille en moi.

AMṚTĀNANDAMAYĪ

amṛtānandamayī mātā
amarādhīśe namō namaḥ
akatāril vannudayam cheyyuka

amṛtānandamayī
mātā amṛtānandamayī (amṛtā)

Mère Amritanandamayi, Déesse des immortels,
sans cesse je Te salue. Eveille-toi dans mon être profond,
O Mère Amritanandamayi.

aṟiyillammē vāzhttān ninnuṭe
apadānaṅgaḷa mōghaṅgaḷ
amalē - tavatiru vachanam tanayarkamṛtam,
jīvanu kuḷir mēgham (amṛtā)

O Mère, j'ignore comment chanter Tes louanges immaculées.
O très Pure, Tes saintes paroles sont du nectar pour Tes enfants,
elles sont des nuages rafraîchissants dans (*la canicule de*) la vie.

virāgiṇi... vidhi nandini
viśva vimōhini naṭanam tuṭarū
sudhāmayī mṛdu smitā bhayālē
sudhārasam tuḷumbunnuḷḷam (amṛtā)

O Mère détachée de tout, Toi qui confères la destinée,
Enchanteresse universelle, continue Ta danse.
O Ambroisie divine, par le rayonnement de Ton cher sourire
mon cœur déborde d'un doux nectar.

snēha manantamām śaktiyen en amma
ōtunnu pratyakṣa mākkiṭunnu
ammatan vātsalya dugdham nukarunna
dhanyarkku mattenṭu bandhanaṅgaḷ! (amṛtā)

« L'Amour est puissance éternelle » a dit ma Mère
et Elle nous le montre. Quels liens peuvent retenir
les bienheureux qui ont bu le lait de Son Amour divin ?

āturan ālamba hīna navaśanum
āśrayam amma tan snēha mantram

ajñāna sindhuvil vīṇuzhalunna varkālambam
aviṭutte jñāna mantram... (amṛtā)

Les mots d'amour de Mère, réconfort des faibles,
sont l'unique support des affligés.
Ceux qui se débattent dans l'océan de l'ignorance
trouvent en Tes paroles de sagesse leur unique soutien.

ĀNANDAMAYĪ

ānandamayī brahmamayī
amṛtānandamayī brahmamayī
atulita saundarya rūpiṇī
ānandamayī brahmamayī (ānandamayī)

O Béatitude, Toi l'Absolu O Béatitude, Toi l'Absolu
Toi dont la forme est d'une beauté sans égale.
O Béatitude, Toi l'Absolu

ārādhāraṅgaḷ kaṭannu yōgikaḷ
amūlya nidhi ninne aṛiyunnu
analpa śaktī ninnuṭe prābhavam
avarum alpam aṛiyunnu (ānandamayī)

Traversant les six centres mystiques, les yogis
parviennent à Te connaître, Trésor inestimable.
Et pourtant, O Puissance infinie, ils ne peuvent
connaître qu'une infime partie de Ta gloire.

matavum jātiyum iviṭeyī marttyante
madamuyarttān mātram upakarichū
manuja mṛigādiyil okkeyum jīvanāyi
manassinte yaṭittaṭṭil nī śayippū (ānandamayī)

Religions et castes n'ont servi qu'à accroître
l'arrogance de l'Homme. Mais Toi qui es la vie

de tous, hommes et animaux, Tu reposes
au plus profond de l'esprit.

andhatayil uḷavām ī marubhūmiyil
āśakaḷ ellām maruppachakaḷ
aṛivinnuṛavē ninne aṛiyān
āśakaḷokkeyum tyajippikkanē (ānandamayī)

Nous errons aveuglément dans d'obscurs déserts
où tous les désirs sont des mirages.
O Source de Connaissance ! Aide-moi à renoncer
à tous les désirs, pour que je puisse Te connaître.

ĀNANDĀMṚTA RŪPINI

ānandāmṛtā rūpini ammē akhilāndeśvariyē
ānandatiramālayil ninnathayenneyakattallē

O Immortelle, Mère de Béatitude, Déesse de l'univers,
ne prive pas Tes pauvres enfants de Béatitude.

antakan antikasīmaniyetti
daṇḍhuchuzhattumbōḷ
nintiruvaṭimalarallātilloru
chintayenikkappōḷ

Mon mental ne connaît rien d'autre
que Tes pieds de lotus.
Le roi de la mort me menace affreusement.
Dis-moi, Mère, ce que je dois lui dire !

ennōṭentoru tettinu bhīṣaṇi
hanta kathicchu kṛtāntan
chonnīṭuka nī ivanoṭu sadayam
bhairavi dēvi bhavāni

Le désir de mon cœur était de naviguer
sur l'océan de cette vie avec Ton nom
sur les lèvres, O Durga.

āzhām kāṇāttalakaṭalāmī
samsār ōrmmiyilenne
tāzhāniṭanīyākkiṭumennoru
nila ñān ōrttatum illa

Jamais je n'aurais imaginé que tu me noies
dans les eaux noires de cette mer sans rivage.

nin tirunāma smaraṇam anāratam
entuvatundu hṛdantam
enniṭṭum punarenten svāntam
tāntamatāvu nitāntam

Jour et nuit, je nage au milieu de ces vagues
en chantant Ton nom salvateur,
et pourtant, O Mère,
il n'y a pas de fin à ma douleur.

durgati itu vidhamāṇī bhaktanu
tannaruḷīṭuvateṅkil
durgā nāmam murappatinarum
mutirukayilini mēlil

Si je me noie dans un tel état, si tel est le sort
de Ton dévot, qui chantera encore Ton nom ?

ANANTAMĀM Ī LŌKATTIL

anantamām ī lōkattil oru
aṇuvāmī enne nī
āśvasippikkān varū daivamē
āśvasippikkān varū (ananta)

O Seigneur, viens, viens me consoler, moi qui ne suis
qu'un simple atome dans ce monde infini.

innente munpil varēṇamē
innente duḥkham tīrttīṭēṇamē
īrēzhupatinālu lōkam bharikunna
īśvarā jagadīśvarā! (ananta)

O Seigneur, Seigneur de l'univers,
Toi qui règnes sur les quatorze mondes,
viens aujourd'hui mettre fin à ma douleur.

uttama pāta nī kāṭṭittarū
uttama chintakaḷ mātram tarū
ūttam tōnnikkaruten manassil
ūrinnuṭayavan tamburānē! (ananta)

Montre-moi le chemin sublime, donne-moi seulement
des pensées sublimes. O Seigneur, Créateur de ce monde,
fasse qu'il n'y ait dans mon mental aucune trace d'orgueil.

ennennum nin gītam pāṭuvānum
ennennum en munnil kāṇuvānum
ēkāntamāyi ninne dhyānippānum
ēzhām svargasthā nī kāttiṭēṇē (ananta)

O Toi qui existes dans les sept cieux, montre-moi
comment chanter Tes louanges à jamais,
comment Te voir pour toujours devant moi et
méditer sur Toi dans la solitude.

ANGALLĀTI

Aṅgallātivanārundabhayam... ?
kaṇṇā! karaḷil kanaleriyunnu...
kaṇṇan kaniyukil karuti kaniyukil
karaḷil vyasanamitentēyiniyum ?

O Kanna, Tu es mon seul refuge. Mon cœur brûle.
Si seulement Tu avais manifesté de la compassion
envers moi et envoyé Ta bénédiction,
cette douleur ne m'aurait pas assailli.

andhata tīrkkum ambuja nayanan
anpiyalāyvatinentiha cheyvēn ?
chintāmalartaḷirennum ninpada-
chentāmarataḷir tazhukukayillē ? (angallati)

Enfant aux yeux de lotus, Toi qui dissipes les ténèbres,
pourquoi ne montres-Tu aucune bonté ? Mes pensées
ne sont-elles pas toujours fixées sur Tes pieds de lotus ?

chandrika sītaḷa mañjuḷa hāsa-
muntirinīril muzhukicchenne,
kaṇṇā kanivin pīyūṣattāl
vannen karaḷin daṇḍamozhikkū! (angallati)

O Kanna, mets fin à ma douleur en me plongeant
dans le clair de lune de Ton sourire
et dans le nectar de Ta compassion.

ANUPAMA GUNA NILAYE

anupama guṇanilayē.... dēvi
aśaraṇa navalambam.... nīyē (anupama)

O Déesse, Demeure de qualités uniques,
Tu es le Support de ceux qui cherchent un refuge.

āgama vinutē... rāgavilōlē
ēkuka tava karuṇālēśam (anupama)

O Toi que la sagesse rend modeste et que l'Amour rend douce, prodigue-moi un peu de compassion !

aṟiyān āṟivūkaḷ illivanennatu
paṟayāta viṭunnaṟiyumallō (anupama)

Même si je ne le dis pas, ne sais-Tu pas que je suis trop ignorant pour connaître quoi que ce soit ?

azhalāmāzhiyil vīzhumīyēzhaye
aṭiyiṇa kāṭṭi anugrahikkū (anupama)

Montre-moi Tes pieds et bénis-moi,
moi qui sombre dans l'océan de la douleur !

ĀRATI

ōm jaya jaya jagad jananī vandē amṛtānandamayī
mangaḷa ārati mātaḥ bhavāni amṛtānandamayī
mātā amṛtanandamayi

Gloire à la Mère de l'univers, hommage à Toi, Amritanandamayi. Mère Bhavani, voici pour Toi l'*arati* le plus propice.

Jana mana nija śukhadāyini mātā amṛtānandamayī
mangala kāriṇi vandē jananī amṛtānandamayi
mātā amṛtānandamayi

Nous adorons Celle qui donne le vrai bonheur aux gens,
Celle qui ne donne que de bonnes choses.

sakalāgama niga mādiṣu charitē amṛtānandamayī
nikhilāmaya hara jananī vandē amṛtānandamayī
mātā amṛtānandamayī

Tu es Celle que les Védas et les Shastras glorifient.
Nous adorons Celle qui détruit le malheur.

prēma rasāmṛta varṣini mātā amṛtānandamayī
prēma bhakti sandāyini mātā amṛtānandamayī
mātā amṛtānandamayī

Toi qui répands le nectar de l'Amour,
Tu donnes l'Amour inconditionnel.

śamadama dāyini manalaya kāriṇi amṛtānandamayī
satatam mama hṛdi vasatām dēvi amṛtānandamayī
mātā amṛtānandamayī

Toi qui donnes le contrôle intérieur et extérieur.
Cause de la dissolution du mental, O Dévi,
je Te prie de toujours demeurer dans mon cœur.

patitōdhāra nirantara hṛdayē amṛtānandamayī
paramahamsa pada nilayē dēvī amṛtānandamayī
mātā amṛtānandamayī

Tu n'as dans Ton cœur qu'un seul but : relever ceux qui sont tombés.
Tu es établie dans l'état de Paramahamsa (être réalisé, uni au Divin)

hē jananī jani maraṇa nivāriṇi amṛtānandamayī
hē śrita jana paripālini jayatām amṛtānandamayī
mātā amṛtānandamayī

O Mère, Toi qui nous sauves du cycle des naissances et des morts,
Toi qui protèges tous ceux qui cherchent Ta protection.

sura jana pūjita jaya jagadambā amṛtānandamayī
sahaja samādhi sudanyē dēvī amṛtānandamayī
mātā amṛtānandamayī

Tu es l'Un adoré par les dieux,
Tu es réalisée et établie dans le *sahaja samadhi*[1]

ARIKIL UNDEṄKILUM

arikil undeṅkilum aṛiyān kazhiyāte
alayunnu ñān ammē...
kaṇṇundennālum kāṇān kazhiyāte
tirayunnu ñān ninne... ammē
tirayunnu ñān ninne...

O Mère, bien que tu sois proche,
j'erre toujours incapable de Te connaître.
Bien que j'aie des yeux, je Te cherche, incapable de Te voir.

hēmanta nīlaniśīthiniyil pūtta
vārtiṅkaḷ nīyāṇō
vānilettīṭuvān kazhiyāte tīrattil
talatallum tiramāla ñān... ammē... (arikil)

Es-Tu la lune merveilleuse qui s'épanouit dans la nuit bleue de l'hiver ? Je suis une vague qui, incapable d'atteindre le ciel, s'écrase sur le rivage.

iha lōka śukham ellām vyārtthamāṇennuḷḷa
paramārttham ñān aṛiññappōḷ
iravum pakalum kaṇṇīrozhukki
ninneyaṛiyān kotichū... ammē... (arikil)

[1] Le Samadhi suprême et naturel où l'être qui a trouvé la Béatitude, tout en jouant son rôle dans le monde, demeure imperturbable sein de la plus grande agitation.

Lorsque j'ai compris que tous les plaisirs de ce monde
ne valaient rien, j'ai aspiré à Te connaître
en versant des larmes jour et nuit.

duhkhabhārattāl taḷarunnorenne nī
āsvasippikkān varillē... ?
ettīṭumennuḷḷa āśayōṭe ñān
nityavum kāttirikkunnu.... ammē... (arikil)

Ne viendras-Tu pas me consoler, moi qui suis si las
du poids de la douleur ? Dans l'espoir que tu viendras,
sans cesse je T'attends.

ĀZHIKULLIL

āzhikkuḷḷil dinakaran maṛaññu
aṇayunna pakalin tēṅgaluyarnnu
viśvaśilpiyuṭe vikṛtikaḷallē
viṣādam entinu naḷi naṅgaḷē! (āzhikkuḷḷil)

Le soleil s'est couché sur l'océan de l'Ouest pendant
que le jour entame sa complainte. Ce n'est rien d'autre
que le jeu de l'Architecte universel. O fleurs de lotus
qui vous fermez, pourquoi donc vous affliger ?

akhilāṇḍa rājande vinōdarangam
ī lōkam śōkapūrṇam
kaḷimarappāvayāyi ñānum karayuvān
kaṇṇunīr illātta śilayāyi (āzhikkuḷḷil)

Ce monde plein de douleur et de peine est le drame de Dieu.
Je n'en suis que le spectateur, une simple marionnette
entre Ses mains, incapable de verser le moindre pleur.

vērpāṭin vēdana uḷḷilotukki
tīnāḷamāyi eriyunnu...enmanam
tīnāḷamāyi eriyunnu
tīrāduḥkha kaṭalin naṭuvil
tīram kāṇāt alayunnū. (āzhikkuḷḷil)

Mon mental comme une flamme brûle d'être séparé de Toi.
Incapable de trouver le rivage, je sombre : dans cet océan
de douleur, ballotté par les vagues, je sombre.

ĀRUṬE MAKKAḶ ÑANGAḶ

āruṭe makkaḷ ñaṅgaḷ ammē
āruṭe makkaḷ ñaṅgaḷ
entinu vēndiyitā ī
janmam ñaṅgaḷkku tannu.

De qui sommes-nous les enfants, O Mère ?
De qui sommes-nous les enfants ?
A quoi sert cette vie que Tu nous as donnée ?

ārōrum illātta ñān
ārennū chollittarū
ānanda lōkattil āṛāṭīṭān
ārōmalē nī varū

Je n'ai personne d'autre que Toi. Dis-moi
qui je suis, pour que je puisse danser en extase.
O pure Béatitude, viens, viens donc.

antimayātrayil nī
ā kṛtyam nirvvahichu
ānanda lōkattil āṛāṭīṭān
ānandamāyi nī varū...!

O Mère, pure Béatitude, le dernier voyage
pour quand donc est-il ?
Afin que je puisse danser en extase,
O pure Béatitude, viens, viens donc.

ARUṆA NIṚAKKATI

aruṇa niṛakkatiroḷiyil
amṛtozhukum mozhikaḷumāyi
adharattil puñjiritūki
aṇayukillē - ammē aṇayukillē (aruṇa)

Toi dont émanent des rayons de teinte rouge,
Toi qui prononces de douces paroles,
O Mère, ne viendras-Tu pas,
un radieux sourire aux lèvres ?

jananī jani maraṇattirayil
jīvitamām naukakaḷanavadhi
nira nirayāyi takarunnu nī
ninaykka mūlam! nī ninaykka mūlam (aruṇa)

O Mère, par Ta seule volonté tant de vies
successives sont emportées sur les vagues
de la naissance et de la mort.

kūriruḷ mayamāmen hṛittil
rāgādikaḷ poruti varumpōl
nī rāgakkambikaḷ mīṭṭi
choriyukillē - jñānam pakarukillē (aruṇa)

Quand mon mental plongé dans les ténèbres
est la proie des sentiments d'attraction et de répulsion,
ne pourrais-Tu pas y verser la Connaissance
tout en jouant sur les cordes de l'Amour ?

maunattāl mandatayāyi
gānattāl garvvukaḷ nīngi
dhyānattinu dhanyatayēkān
tāmasamentē - tāyē tāmasam entē (aruṇa)

Toi qui me calmes par le silence, qui par la prière
me délivres de l'orgueil, O Mère, pourquoi
tardes-Tu à bénir ma méditation ?

abhaya prada māmappādam
akamalaril teḷiyunnēram
aṟiyāttānanda nilāvāyi
pakarukillē -śyāmē paṭarukillē (aruṇa)

Quand Tes pieds qui donnent refuge illuminent
le tréfonds de mon cœur, viendras-Tu m'inonder
du clair de lune de la Béatitude inconnue,
O Déesse au teint sombre ?

ĀRUNDU CHOLLUVĀN

ārundu cholluvān ninnaṭuttambikē
kātara nākumen dīnā valōkanam... ?
prēma svarūpiṇī mānava nākumen
jīvitam īvidham tīrukayō vidhi... ?

O Mère, à qui d'autre que Toi puis-je confier
ma douleur ? O Toi dont la nature est Amour,
mon destin est-il que ma vie s'achève ainsi ?

saṅkalppa gōpuram kallōlajālattāl
tallittakarkkunnatentē dayāmayī ?
snēham pakarumā ponniḷam kaikonden
kaṇṇīr tuṭaykkuvān bhāvamillāykayō ? (ārundu)

Incarnation de la compassion, pourquoi brises-Tu
la tour imaginaire que j'ai construite ? N'es-Tu pas prête
à essuyer mes larmes de Tes douces mains,
toutes imprégnées d'amour ?

jātanāyi vannanāḷinnōḷavum bahu -
śōkam bhujichu ñān vannu ninnantikē
nīṛum manōvyātha āṛunnatinnamma
snēhakkatirvīśi chērkkumō nin padē (ārundu)

De ma naissance à ce jour, j'ai souffert mille maux
et maintenant, me voilà arrivé jusqu'à Toi.
Répands sur moi le nectar de l'amour,
afin que je m'y perde et m'unisse à Tes pieds.

mōhichu nin rūpam chārattu kandiṭān
māya kondenne nī mōhita nākkollē
ātma sumangalē ammē hṛdisthitē
ātmānandam tarān tāmasam entini ? (ārundu)

Je brûle d'envie de voir devant moi Ta forme enchanteresse.
Ne me leurre pas avec Ta maya, O Déesse propice et éternelle.
O Mère qui réside dans le cœur, pourquoi tardes-Tu
à m'accorder la Béatitude du Soi ?

ĀTMA RĀMA

ātma rāma ānanda ramaṇa
achyuta kēśava hari nārāyaṇa

Toi dont le Soi fait les délices, douce Béatitude,
Seigneur immuable des sens.

bhava bhaya harana vandita charana
raghu kula bhūṣana rājiva lōchana

Toi qui dissipes la peur du devenir, Tes pieds sont dignes d'adoration, Joyau de la lignée des Raghus, Dieu aux yeux de lotus.

ādi nārāyaṇa ānanta śayana
satchid ānanda satya nārāyaṇa

Seigneur primordial qui repose sur le serpent Ananta, Seigneur de la Vérité, Être-Conscience-Béatitude.

ATULYATAYUṬE

atulyatayuṭe, ananyatayuṭe
sumandahāsamukhi... sumandahāsamukhi!
varū dayāmayī, viśvajanēśvarī
viśuddhaśālini nī... viśuddhaśālini nī

O Mère, dont le sourire incomparable irradie la vérité de l'Unité, Incarnation de la compassion, Déesse souveraine de tous les êtres, Toi qui es l'Un si pur et si gracieux, viens.

avarṇṇanīya dayā hṛdayattin
amūlya raśmiyumāyi
varū varam tarū mahāndhakāram
keṭānivan matiyil... (atulya)

O Mère, Toi dont le cœur plein de compassion irradie une précieuse lumière, donne-moi Ta bénédiction afin que se dissipent les ténèbres qui enveloppent mon mental.

anātharil kanivārnnu tuṇaykkum
amṛta svarūpiṇi- nin
avikala ramya sarōruha hṛdayakṛpārasam
taraṇē... kṛpārasam taraṇē (atulya)

Incarnation de la douceur immortelle, Tu protèges
les désespérés, Ton cœur fond en les voyant.
O Mère, répands sur moi le nectar de Ta grâce,
qui jaillit de Ton cœur immaculé et charmant.

tarunnu kanmaṣa mānasam ambayil
ādara pūrvvamivan
aṟiññu nalkaṇamananta śāntiyamāntamezhātivanil...
(atulya)

Ta fille T'offre avec sincérité son cœur impur et rempli
de péché. Bien que Tu connaisses toutes mes fautes,
Tu dois cependant me donner sans délai
cette paix que rien ne peut égaler.

ĀYIYĒ GURU MAHARĀNI

āyiyē guru maharāni mātā amṛtānandamayi
jai jai jai maharāni mātā amṛtānandamayi

śaraṇam śaraṇam ammā
abhayam abhayam ammā

varuvāyi varuvāyi ammā varām
taruvāyi taruvāyi ammā

Je T'en prie viens, Reine parmi les maîtres réalisés,
protège-nous, donne-nous refuge.

āyiyē	Je T'en prie viens
guru maharāni	Reine parmi les maîtres réalisés.
saraṇam	Protège-nous.
abhayam	Donne-nous refuge.

BANDHAM ILLA

bandham illa bandhuvilla
svanta mallonnum nammaḷ -
kantya kālam bandhuvennaṭu svantamātmāvu;

Nul ne nous appartient ; il n'existe rien
dont nous puissions dire que c'est nôtre.
A la fin de notre vie, seul le Soi demeure.

kanda tannum kondu pōyikkandatillārum - pinne
entininnī kandatellām svantamākkunnū ? (bandha)

Nous ne pourrons rien emporter à notre mort. Alors pourquoi
cet engouement insensé pour les possessions terrestres ?

uḷḷa tonnunduḷḷilallātalla matteṅgum - atu
kandiṭānāyi uḷḷinuḷḷil chellaṇam nammaḷ! (bandha)

Tout ce qui existe vraiment se trouve à l'intérieur de nous.
Pour percevoir Cela, il faut aller à l'intérieur.

allalin kallōlam onnum tellumillaṅgu - ellām
uḷḷapoluḷḷinde yuḷḷil ullasichīdum. (bandha)

Il n'y a pas une ombre de souffrance là-bas.
Là, le vrai Soi brille dans toute sa gloire.

uḷḷuṇarnnullālaṛiyān ullamārggatte - nērāyi
cholliṭām 'ñān' ennabhāvam nallapōlpōṇam (bandha)

L'éveil du Soi et de la Connaissance ne se produisent
que lorsque l'ego s'est complètement effacé.

uḷḷatallā tuḷḷatil ninnuḷḷatilchellān -
nammaḷkkuḷḷiṇakkam
nalla pōlellārilum vēṇam.(bandha)

Nous passons de l'erreur à la vérité quand nous aimons

et servons tous les êtres de la terre.

BHAGAVĀNE

bhagavānē...bhagavānē...
bhaktavatsalā bhagavānē (bhagavānē)

O Seigneur... O Seigneur...
O Seigneur, Toi qui es l'Amant des dévots.

pāvana pūrūṣā pāpa vināśanā
pāpikaḷ mātramāyi pāriṭattil (bhagavānē)

O Être Pur, Toi qui détruis le péché,
il n'y a semble-t-il que des pécheurs en ce monde.

nērāya mārgganga̤ḷ nalkkuvān ārundu
nārayaṇā nanma pōyi marañña.... (bhagavānē)

Qui donc nous montrera la voie ?
O Narayana, la vertu a disparu.

satya dharmādikaḷ naṣṭamāyi marttyaril
tattvangaḷ ēṭil mātram otungi nilppū (bhagavānē)

L'humanité a perdu le sens de la vérité et de la justice.
Les vérités spirituelles authentiques n'existent plus que dans les livres.

kāṇunna tokkeyum kāpaṭya vēṣangaḷ
kāttiṭū kaṇṇā dharmam vīndeṭukkū (bhagavānē)

Tout ce que l'on voit porte le vêtement de l'hypocrisie.
O Krishna, protège et restaure le dharma !

BHAJAMANA RĀM

bhajamana rām bhajamana rām

pāṇḍuranga śrī ranga bhajamana rām

Adorez Rama, adorez Rama, adorez Rama,
Panduranga, Sri Ranga *(noms de Rama)*

bhajamana kēśava bhajamana mādhava
bhajamana yādava bhajamana rām

Adorez Keshava et Madhava *(noms de Krishna)*,
adorez Yadava (*Krishna*) et Rama.

bhajamana gōvinda bhajamana mukunda
bhajamana giridhara bhajamana rām

Adorez Govinda et Mukunda, Celui qui a soulevé
la montagne dans sa main et a tué le démon Mura.

bhajamana raghuvara bhajamana murahara
bhajamana ānanda bhajamana rām

Adorez Raghuvara, adorez Rama,
adorez Rama, adorez Rama.

BHAKTAVATSALĒ DĒVĪ

bhaktavatsalē dēvī ambikē manōharī
bhakta janārtti tīrppān śaktayāyimevūm dēvī

O Ambika, Beauté enchanteresse, si affectueuse envers les dévots,
demeure donc ici-bas afin de dissiper leur souffrance !

mātāvāyatum nīyē tātanāyatum nīyē
mātula bhrātākkaḷum gurunāthayum nīyē

Tu es devenue la Mère, le Père, l'Oncle, les aînés et le guru.

enalla īkkāṇunna sarvvavum nīyāṇennu
ennuṭe guru aruḷ cheytatōrttirunnu ñān

J'ai en outre écouté mon guru qui affirme

que Tu es en réalité tout ce que l'on voit.

nī tanne sarvvasvam en dīnata tīrppān śakta
nī tanne ellāttilum nārāya vērāyatum

Tu es Tout, Tu es assez puissante pour mettre fin
à ma douleur. Tu es la racine de tout ce qui existe.

nī tanne sarva bhūtanāthayāyi nilkunnavaḷ
nī tanne sarvasvavum kāttu rakṣīkkunnōlum

Tu es la Souveraine de tous les êtres vivants.
Tu es tout ce qui EST et aussi la Protectrice.

viśvasichēvam bhaktyā stutichu bhajikkunnēn
viśvaika nāthē ninne kāṇuvān āśikkunnen

Sachant cela, je Te prie avec dévotion,
O Déesse de l'univers, je désire Te voir.

etra nāḷāyi ninne kāṇuvān āśichu ñān
ittiri nēram pōlum tettāte bhajikkunnēn

Il y a tant de jours que j'ai soif de Te voir !
Je Te glorifie sans perdre un instant.

ennil nin enṭeṅkilum tettukaḷ sambhavichō
ennuṭe duḥkham tīrkkān iṣṭam illāyi kayālō ?

Est-ce à cause de mes erreurs ou parce que
Tu n'as pas envie de mettre fin à ma douleur ?

ennakakkāmbu ventu veṇṇīṛākaṭṭe ennō
onnumē aṛiyāte sambhrāntayākunnu ñān

Ou peut-être désires-Tu que mon être intérieur soit
réduit en cendres ? Emplie de confusion… je ne sais rien.

dīnarāyi mēvunnōre sāntvana ppeṭuttīṭum
dīnavatsala yallō nīyammē mahāmāyē

O Mère, Illusion cosmique, n'es-Tu pas pleine de compassion envers les affligés, consolant ceux qui sont dans la douleur ?

ammaykku makkaḷ ellām tulyam ennuḷḷa satyam
uḷppūvil darichatu mithyayāyi bhavikkyumō

Cette vérité que je garde en mon cœur
– à savoir que pour Mère tous les enfants sont égaux -,
cette vérité va-t-elle s'avérer fausse ?

ñān onnapēkṣichīṭum enne nī trikkaṇ pārttu
dīnata tīrppān alpam kāruṇyāmṛtattināyi

Pour mettre fin à ma douleur, donne-moi une goutte du nectar de Ta grâce, coulant de Ton regard et de Tes yeux saints.

nin mukham kaṇi kāṇān ninnaṭi kaḷil vīṇu
janma sāphalyattināyi varatte yācichīṭūm

Je tomberai à Tes pieds pour mieux voir Ton précieux visage et T'implorerai de m'accorder le But de la vie.

nin arikattu vannu vīṇu kēṇapēkṣikkum
enne nī upēkṣichāl ennuṭe gatiyentu ?

En m'approchant de Toi, je T'implorerai. Quel sera donc mon destin si je suis abandonnée ?

dīnarekkāttīṭunna nin tirumizhikkaḷe
kāṇumāṛākēṇamē mānasakkaṇṇil sadā

O Protectrice de tous les affligés,
il faut que je Te voie avec l'œil de mon cœur.

ajñānakkūriruṭṭil ppeṭṭuzhalunnōr enne
vijñāna dīpam kāṭṭi kāttu rakṣikkēṇamē

Montre-moi la lumière de la Connaissance, sauve-moi, moi qui tâtonne dans les ténèbres de l'ignorance.

sarvasvarūpē dēvī sarva mangalē ninne
sarvadā kaṇikāṇān kāttu rakṣikkēnamē

O Dévi, Toi qui es toute chose, Enchanteresse cosmique, sauve-moi afin que je puisse Te voir pour toujours.

en manakkaṇṇil ninne kaṇikandānandippān
nirmala bhaktyā nityam ninnuṭe nāmam ōti

Je T'ai adorée avec pure dévotion en chantant constamment Ton nom dans l'espoir que Tu m'accordes Ta vision divine.

kanmaṣa nāśiniyām ninneyum bhajichu ñān
immahītalam tannil nāḷeṇṇikkazhiyunnu

En T'adorant avec pure dévotion, Toi qui détruis le péché, je compte mes jours sur cette terre.

torāte nityamōti arādhana cheyyuvān
kāruṇya mundākaṇē ambikē bhagavatī

O Ambika, Déesse, sois miséricordieuse, permets que T'adorant à jamais, je puisse jouir de Ta vision.

kāṇunnatellām ninte kōmaḷa rūpamāyikāṇuvānuḷḷa
bhāgyam taraṇē nārāyaṇī

O Narayani, accorde-moi la bénédiction de pouvoir Te contempler en chaque chose.

cheyunna karmam ellām satkarmamayittīrān
ī ezhaykkekīṭaṇē kārunya pīyūṣam nī

Donne-moi le nectar de Ta grâce afin que toutes mes actions deviennent pures.

ennuṭe karṇṇangaḷil kēḷppatu sarvam ninte
dhanya nāmangaḷāyikkittīrkkaṇē kārtyāyanī

O Katyayani, que tous les sons que j'entends
deviennent Tes noms sacrés.

ennuṭe bandhukkaḷāyi ninnuṭe bhaktanmāre
ennarikattu nityam kāṇumāṛākētaṇamē

Que Tes dévots soient toujours pour moi des parents proches.

en duritangaḷ ellām enne viṭṭa kaluvān
nintiru nāmāmṛitam auṣadham āyīṭaṇē

Puisse le nectar de Ton nom béni
être le remède à toutes mes misères.

tṛippādasēva cheyyān enikku varamēki
ammayām ninnmarukil enneyum chērttīṭaṇē

En m'accordant la faveur de servir Tes pieds bénis,
O Mère, garde-moi près de Toi.

tṛippāda patmangaḷe sēvichu vāṇīṭunna
tvadbhakta samūhattil chērkkaṇē kāruṇyābdhē

Océan de miséricorde, laisse-moi me joindre au groupe
de Tes dévots, qui ne vivent que pour servir Tes pieds bénis.

ādināthayām dēvī trailokyanāthē ente
ātaṅka śāntikkyāyi ñānitā vaṇangunnēn!

Être primordial, Dévi, Déesse des trois mondes,
où dois-je aller pour trouver le remède à ma douleur ?

BHRAMARAMĒ

bhramaramē.. ... mānasa... bhramaramē
śuddha madhu tēṭi alayunnu taḷarunnu nī
bhramaramē... mānasa... bhramaramē

O Toi, le colibri de mon mental, tu es las d'errer,
en quête du pur nectar.

tarujālam... pūtta tarujālam
bhaktippuzha tīrattazhalillā tānandippū
taḷarallē... chittē karayallē
śuddha hṛdayattil orunāḷil aṇayum nin ambika
(bhramaramē)

Le bocage des arbres en fleurs, libre de toute douleur,
demeure joyeusement sur les rives de la dévotion.
O mon mental, ne désespère pas car un jour,
Ta Mère viendra dans les cœurs purs.

vibudhanmār buddhikkuṛavēki, śakti
akalattil azhalillām aṛivāl nīkki
amarunnū... ninnil amarunnū...
sarva vyathayum ñānaviṭēkkāyarppikkunnu (bhramaramē)

O Shakti, Toi qui dissipes toute douleur
par la Connaissance divine, Tu es pour le sage
le printemps de l'intelligence. A Toi j'offre
toutes mes souffrances, Toi en qui tout existe.

Iniyennō ninte varaveṇṇō ente
kazhivellām takarumbōl varumennō
arūtammē kṛpa choriyūllē
ellām avalambam aviṭallat ivanārundu ? (bhramaramē)

Quand donc viendras-Tu, O Mère ? Viendras-Tu
lorsque toute mon énergie sera épuisée ? O Mère,

ne fais pas cela ! Quand me prodigueras-Tu Ta grâce ?
Qui, sinon Toi, est mon support ?

BŌLŌ BŌLŌ

bōlō bōlō sab mil bōlō ōm nama śivāya
ōm nama śivaya ōm nama śivaya

Chantons tous : « Om Namah Shivaya »

jūta jatā mē gangā dhāri
trisūla dhāri damaru bajāvē

Shiva porte le Gange dans Ses cheveux emmêlés,
Il tient le trident et joue du *damaru* (tambour) !

dama dama dama dama damaru bajē
gunjuthao ōm namaḥ śivāya

Jouons du tambour et chantons à haute voix : « Om Namah Shivaya »

hari ōm namaḥ śivāya hari...

BRAHMĀṆḌA PAKṢHIKAL

brahmāṇda pakṣikal vannu chēkkēṛum
pukazhārnna jñānadrumam nī... ammē
enneyaṛiññu ñān ninnilettum vare
nin taṇalil nī vaḷarttū... ammē
nintaṇalil nī vaḷarttū... (brahmāṇḍa)

O Mère, Tu es l'arbre glorieux de la Connaissance
sur lequel les galaxies se posent comme des oiseaux.
En attendant que j'accède à Toi par la connaissance de mon Soi,
fais-moi croître à Ton ombre, fais-moi croître à Ton ombre.

nīlavānam tava śirṣamennōtunnu
bhūmitṛichēvaṭiyennum... ammē
sarvāntarīkṣavum ninnuṭalennōrttūm
vandippū ñān parāśaktī... bhaktyā
vandippū ñān parāśaktī... (brahmāṇḍa)

O Mère, Energie suprême, je T'adore sachant
que Ta tête est le ciel bleu, Tes pieds
la terre immense, et Ton corps l'atmosphère.

nānāmataṅgaḷum vāzhttum prabhāvamē...
nālu vēdārtthasāram nī... ! ammē
nāmarūpaṅgaḷ layikkum sudhāmamē...
ñān namikkunnu vinītam... ninne
ñān namikkunnu vinītam (brahmāṇḍa)

O Mère, humblement je me prosterne à Tes pieds,
Toi dont toutes les religions chantent la gloire,
Tu es l'Essence des quatre Védas, la demeure où
se dissolvent tous les noms et toutes les formes.

CHĀMUṆḌAYĒ KĀLI MĀ

chāmuṇḍāyē kāḷi mā kāḷi mā kāḷi mā
chāmuṇḍāye kāḷi mā kāḷi mā kāḷi mā

O Déesse Chamundi, O Mère Kali...

CHANDRAŚĒKARĀYA NAMAḤ ŌM

chandraśēkarāya namaḥ ōm
gangādharāya namaḥ ōm
ōm namaḥ śivāya namaḥ ōm
hara hara harāya namaḥ ōm

śiva śiva śivāya namaḥ ōm
paramēśvarāya namaḥ ōm

chandraśēkara	Celui qui porte le croissant de lune sur le front
gangādhara	Celui qui porte le Gange dans sa chevelure
hara	Le Destructeur
śiva	Celui qui est propice
jagadiśvara	Le Seigneur du monde

CHILANKA KEṬṬI

Cilaṅka keṭṭi oṭi oṭi vāyō
ente tāmarakaṇṇā āṭi āṭi vāyō
ninte piñjupādam tēṭittēṭi ñangaḷ
ninte divya nāmam pāṭippāṭi vannēn (cilaṅka)

Les clochettes de Tes bracelets de cheville tintinnabulent.
Enfant aux yeux de lotus, viens vite danser. En quête
de Tes tendres pieds, nous sommes venus chanter Ton nom divin.

dēvakī nandana rādhā jīvana
kēśavā harē mādhavā
pūtana marddana pāpavināśana
kēśavā harē mādhavā
gōkula bālanē ōṭi vāyō
gōpāla bālanē āṭi vāyō (cilaṅka)

Fils de Devaki, vie de Radha, Keshava, Hari, Madhava
(*noms de Krishna*), Tu as tué la démone Putana,
Tu détruis les péchés. O Enfant de Gokul, viens vite,
petit vacher, viens en dansant !

kamsa vimarddana kāḷiya narttana
kēśavā harē mādhavā
āśrita vatsalā āpad bhāndhavā
kēśavā harē mādhavā
ōmkāranādamē ōṭi vāyō
ānandagītamē āṭi vāyō (cilaṅka)

Toi qui tuas Kamsa, Toi qui dansas sur le serpent Kaliya,
Keshava, Hari, Madhava, Tu es plein de compassion
envers ceux qui prennent refuge en Toi,
Protecteur des êtres en danger.
Incarnation du Om, viens vite, vite,
O Mélodie divine viens danser !

pāṇḍava rakṣaka pāpa vināśana
kēśavā harē mādhavā
arjuna rakṣaka ajñāna nāśanā
kēśavā harē mādhavā
gītāmṛtamē ōṭi vāyō
hṛdayānandamē āṭi vāyō (cilaṅka)

Protecteur des Pandavas, Tu effaces les péchés,
Keshava, Hari, Madhava, Protecteur d'Arjuna,
Toi qui dissipes l'ignorance, Keshava, Hari,
Madhava, Nectar de la Gita, vite, viens vite,
O Béatitude du cœur, viens danser !

CHITTA CHŌRA

chitta chōra yaśoda kē bāl
nava nīta chōra gōpāl
gōpāl gōpāl gōpāl gōpāl
gōvar(a)dhana dhara gōpāl

chitta chōra	Celui qui dérobe le mental
yaśōda ke bāl	Enfant de Yashoda
navanīta chōra	Celui qui vole le beurre
gōpāl	L'enfant vacher
gōvar(a)dhana dhara	Celui qui a soulevé la montagne Govardhana

CHITTA VṚNDĀVANAM

chitta vṛndāvanam tannil ninnum
vēṇu gānam pontunnitā
manamandirattile chinmūrtti tān
vēṇu gānapriyā mōhanā.....
jagannāthā yadu nandanā

Le son mélodieux de la flûte s'élève du Vrindavan
de mon mental. O Divinité du temple de mon mental,
Ta forme est Conscience, Toi qui aimes le son de la flûte,
Seigneur du monde, Fils de Yadu.

manō vṛtti māyilukaḷ antarangē
nṛittamāṭi..... sarva kālam
chit pumānettanne sēvikkunnu.
vēṇu gānapriyā mōhanā.....
jagannāthā yadu nandanā

Les paons du mental pur dansent pour l'éternité au service de cet Être.

kaḷavēṇu nisvanam kēṭṭiha ñān
mugdha bhāva magnayāyi
gāna vilōlane dhyānam cheytu
vēṇu gānapriyā mōhanā.....
jagannāthā yadu nandanā

En écoutant le son de la flûte merveilleuse,
je suis entré en extase, méditant profondément
sur Celui qui aime la flûte.

hṛdaya kōvilile pūjāri ñān
pūjayellām vismarichu.
dhyāna nimagnāyai kāttirunnu.....
vēṇu gānapriyā mōhanā.....
jagannāthā yadu nandanā

Moi, le prêtre du temple du cœur, j'ai oublié la puja !
J'ai plongé profondément en méditation.

chintā malar kondu pūja cheytu
uḷkkaṇṇināl māla chārtti
ānanda bāṣpābhiṣēkam cheytū
vēṇu gānapriyā mōhanā.....
jagannāthā yadu nandanā

Je L'ai adoré avec les fleurs de la pensée,
je L'ai couronné avec la guirlande de l'œil intérieur
et Lui ai fait prendre un bain rituel
avec des larmes de joie.

prēmapayassile gōpālanāyi
rāgamākum mādhurya miṭṭu
bhaktyā naivēdyamayi kāzhchavechu
vēṇu gānapriyā mōhanā.....
jagannāthā yadu nandanā

Avec toute ma dévotion j'ai présenté à Gopala
une offrande de nourriture
que j'ai purifiée de mon amour.

prajñayākum bhṛingam vanamālitan
prēma madhu āsvadippān
antarangattilēykketti nōkki

vēṇu gānapriyā mōhanā.....
jagannāthā yadu nandanā

Sous la forme d'une abeille, ma conscience a jeté
un coup d'œil furtif, pour savourer le nectar
de l'amour répandu par cet Enfant,
paré d'une guirlande de fleurs sauvages.

vēṇugōpāla hṛidayēśvarā
bhaktapriyā sarvēśvarā
tannīṭuka vēgam darśanam nī
vēṇu gāna priyā mōhanā.....
jagannāthā yadu nandanā

O Venugopala, Seigneur de mon cœur,
Amant des dévots, Seigneur de toute chose,
accorde-moi bien vite Ta vision (*darshan*).

DARŚAN DĒNA RĀMA

darśan dēna rāma rāma rāma
tadap rahe hē hum daśarathe
taras rahe hē hum daśarathe
jānakī nātha dayā karō

O Rama, montre-moi Ta Forme Divine ! Nous espérons
tant Te voir, Fils de Dasaratha ! Nous avons soif
de Te voir, Fils de Dasaratha ! O Seigneur de Janaki,
montre-nous un peu de compassion !

sare jag hē palan kare
mātā pitā anna dātā thum hō
hum hē thumhare hum ko bachāvo
nayya hamārē pār karō
dūr karō sankat kō hamāre

Tu protèges l'univers, Tu nous prodigues
notre nourriture, Tu es notre Mère et notre Père !
Protège-nous, nous T'appartenons, Tu es notre barque,
mène-nous à bon port et dissipe notre douleur !

DAŚARATHA NANDANA RĀMA

daśaratha nandana rāmā
dayāsāgarā rāmā
daśamukha marddana rāmā
daitya kulāntaka rāmā
lakṣmaṇa sēvita rāmā
sītāvallabha rāmā
sūkṣma svarūpā rāmā
sundara rūpā rāmā

daśaratha nandana	Fils du Roi Dasaratha
dayāsāgara	Océan de compassion
dasamukha marddana	Celui qui a tranché les dix têtes de Ravana
daitya kulāntaka	Celui qui a détruit le clan des démons
lakṣmaṇa sēvita	Celui dont Laksmana est le serviteur
sītāvallabha	Bien-Aimé de Sita
sūkṣma svarūpa	Dont la nature est subtile
sundara rūpa	A la forme merveilleuse

DAYĀ KARŌ MĀTĀ

dayā karō mātā ambā
kṛpā karō janani
kṛpā karō mātā ambā
rakṣā karō janani

kalyāna rūpini kāli kapālini
karuṇāmayi ambā mām pāhi
ōm mātā ōm mātā ōm mātā ānandamayi

O Mère, prends pitié de nous. O Mère, sauve-nous.
Incarnation de tout ce qui est propice,
Toi qui es miséricordieuse, O Kali dont le cou
est orné d'une guirlande de crânes humains,
(*symboles de l'ego*) O Mère, protège-nous.

DĒVĪ BHAGAVATĪ

dēvī bhagavatī śānti pūrṇē
bhāvuka rāśe śivē namastē
rudrāṇiyāyum, indrāniyāyum
buddhiyāyum sarvaśaktiyāyum
atrajayikkum agatikaḷkkum
dhātriyām ammē namō namastē!

Je Te salue, illustre Dévi, Toi qui donnes la paix.
Demeure de la prospérité et de la bonne fortune,
Mère de ceux qui souffrent. Gloire à Toi
Parèdre de Rudra(Shiva) et d'Indra,
Tu es l'intellect et toutes les autres facultés.

bhūvilirikunna puṇyarupē
bhūvināla jñāta vaiṣnavi nī
bhūvinuḷḷāndu sarvam naṭattum
dēvī parātmikē tē namastē

Tu résides sur la terre sous la forme de la vertu
et de Vaishnavi (*Parèdre de Vishnu*).
Nul ne peut Te comprendre ici-bas. Je Te salue,
Dévi, Puissance qui sous-tend toute action
accomplie sur terre, Toi qui es au-delà de l'âme.

prēraṇa uḷḷilirunnu nalkum
prērikē dēvī śivē namastē
dēvī vazhipōl bhajikkuvānen
dhyānattinamba karuttu nalkū
tāyē ripujana bādhamūlam
bhīyēṛum ñangaḷe kāttukoḷka

Je Te salue, Dévi, Toi qui es propice,
Source d'inspiration. Dévi, ma Mère,
permets-moi d'approfondir ma méditation,
afin que je puisse T'adorer comme il se doit.
O Mère, protège-nous de la peur des assauts de l'ennemi.

DĒVI DĒVI DĒVI JAGANMŌHINĪ (DĒVI DĒVI DĒVI AMṚITEŚVARI)

dēvi dēvi dēvi jagan mōhinī (dēvi dēvi dēvi amṛitēśvari)
chaṇḍikā dēvi chaṇḍa munda harinī
chāmundēśvarī ambikē dēvi
samsāra sāgaram taranam cheyyuvān
nērāya mārgam kāttanē dēvī

O Déesse, Enchanteresse du monde, Chandika,
Toi qui as détruit les démons Chanda et Munda,
O Chamundesvari, Mère Divine, montre-nous le chemin
qui permet de traverser l'océan de la transmigration.

DĒVI JAGANMĀTA

dēvi jaganmātā jaya jaya dēvi jaganmātā
dēvi jaganmātā parāśakti dēvi jaganmātā

Gloire à la Déesse ! Gloire à la Mère du monde !
Gloire à l'Energie suprême !

nīlakkaṭalkkarayil tapam cheyyum
nittiya kanyakaye
māri kumāri ammā enakkum
vantu varam taruvayi vā

O Vierge éternelle qui pratique des austérités
à Kanyakumari, sur les rives de l'océan,
donne-moi Ta bénédiction.

jyōti svarūpiṇiyē jñānamaya sundara rūpiṇiyē
satya svarūpiṇiyē svayam śakti ānanda rūpiṇiyē

Ta nature est Lumière, Ta forme merveilleuse est faite
de Sagesse, de Vérité, d'Energie et de Béatitude !

om śri mātā jaya laḷitāmbā
om śri mātā jaya laḷitāmbā... (3)

Om, Gloire à la Mère de l'univers...

DĒVI MAHĒŚVARIYĒ

dēvi... mahēśvariyē
māyā svarūpiṇiyē...
ī viśva kāraṇiyē... tāyē namō namastē

O Mère divine, grande Déesse dont la nature est illusion.
O Créatrice et Cause de l'univers,
sans cesse je me prosterne à Tes pieds.

lōkēśi - nīlakēśī mahāmāyē manōharāngī
bandha mōkṣangaḷ nalkum bhakta -
bandhuvum nī mahēśī

Impératrice de l'univers à la sombre chevelure,
O grande Maya aux membres magnifiques,
Déesse suprême, Amie des dévots,
Tu leur donnes à la fois l'esclavage et la Libération.

svargā pavargangaḷē koṭukkunna,
durgē bhagavatiyē!
gaurī gaṇeṣapriyē
madgarvam akattīṭēṇam

O Durga, Bhagavati, Tu accordes le paradis
et la Libération, O Gauri, chère à Ganesh,
délivre-moi de l'ego.

mōkṣa sandāyiniyē! vidya svarūpiṇiyē!
sākṣāl jaganmāyiyē dēvi sanātaniyē!

Toi qui donnes la Libération, Ta nature est Connaissance,
Tu es l'univers lui-même, éternelle Déesse.

ambikē! durgē! śivē mahākāḷī namō namastē
sumbhādi daitya vadham cheyta ambē namō namastē

O Ambika, Durga, Parvati, O grande Kali,
sans cesse je me prosterne à Tes pieds !
O Mère qui a tué le démon Sumbha,
sans cesse je me prosterne à Tes pieds !

āriludicchu sarvam... ārāl nayicchiṭunnū...
āril layikkum ellām... ā... dēvī dayāmayiyē

C'est deToi que tout est né, Tu es la vie de tous les êtres,
et àToi tous retourneront... Tu es cette Déesse pleine de miséricorde !

DĒVI ŚARAṆAM

dēvī śaraṇam śaraṇam ammē
dēvakaḷ vāzhttunna divya mūrttē
dēvī śaraṇam śaraṇam ammē
ādi parāśakti tē namastē

Sois mon refuge, O Déesse, donne-moi asile, O Mère ;
Toi dont la forme divine est glorifiée par les êtres célestes.
Je Te salue, Energie primordiale et suprême !

kalyāṇa kāriṇi āyi sadā sākallyābhilāṣa
sandāyini āyi
siddhi āyi mūla prakṛiti āyi
varttikkum ammē tozhunnitā ñān (dēvī)

Je Te salue, Mère, Source de tout ce qui est favorable,
Toi qui exauces tous les désirs, Tu es la Perfection
et l'Origine de la nature elle-même.

sṛiṣṭisthitilaya kāriṇi āyi
duṣṭa samsāra vimathini āyi
sacchit svarūpiṇi āya dēvī
tricchēvaṭikku tozhunnitā ñān (dēvī)

Cause de la création, de la préservation et de
la destruction, Tu extermines les êtres malveillants.
Toi dont la forme est Être pur et Conscience,
je me prosterne à Tes pieds.

nityayāyi sarvāvalamba āyi
artthamātrākṣara sāramāyi
hṛillōka āyi jayicchīṭumammē
svarllōka nāthē tozhunnitā ñān (dēvī)

Je Te salue, Souveraine des cieux,
Toi l'Eternelle et le Substrat de tout.
Gloire à Toi qu'expriment le son « Om » et le son « Hrim ».

niṅkal irikkunnu viśvam ellām
niṅkal nin ellām udicchiṭunnu
śaṅkarī sandēhamilla sarvam
niṅkalallō vannoṭunguvatum (dēvī)

L'univers naît de Toi et de Toi jaillit toute chose.
Toi qui donnes la bonne fortune,
c'est en Toi que toute chose se résorbe.

tattvangaḷ okkeyi ṇangumammē
satya svarūpiṇi lōka mātē
engum niṛaññoru ninne allā -
tingu ñān kāṇmati lennu pōlum (dēvī)

O Mère de l'univers, Incarnation de la vérité,
tous les principes divergents trouvent leur unité en Toi.
Rien d'autre que Toi n'apparaît sous mes yeux,
Tu es présente en toute chose.

nin prabhāvam kondu pāraśēṣam
sambhavikkunnu jagal savitrī
nin prakāśamkondu rakṣaṇavum
sāmpratam samhṛitiyum naṭappu

O Mère de l'univers, seule Ta gloire permet
à l'humanité d'atteindre l'immortalité ;
destruction et création, ces pouvoirs
font partie de Ton omnipotence.

ammadhukaiṭabha bādha nīkkī
amma viśvattin parappu kāṭṭi
bhāvana kaḷkkumatīta matrē
tāvakamāya mahācharitram (dēvī)

O Mère, en libérant le monde des maux
causés par les démons Madhu et Kaitabha,
Tu nous as révélé l'immensité de l'univers.
Tes exploits légendaires dépassent l'imagination.

amba nin sṛṣṭiyiluḷppeṭunna
brahmāṇḍam etra en āraṛiññu ?
kālttāriṇa tavakūppi ñān onn
artthicchu koḷḷunnu bhakti pūrvam (dēvī)

O Mère, qui peut connaître le nombre de mondes
que Tu as créés ? Me prosternant à Tes pieds,
permets-moi de prier avec dévotion pour une seule chose.

tvan nirmmalābhamāmī svarūpam
ennuḷḷil ennum viḷangiṭēṇam
nin nāmam ennu murukkazhippā -
nennāvu tatparamāyi varēṇam (dēvī)

Je prie pour que Ta forme pure et rayonnante
brille toujours en moi et que toujours
ma langue goûte la joie de répéter Ton nom.

nin pāda darśanam en mizhikku
munpāyi varēṇamē ennumennum
ninne nirantaram ōrttuvāzhum
enne nī ōrkkaṇam dāsanāyi (dēvī)

Accorde-moi la vision constante de Tes pieds.
Considère-moi comme Ton serviteur,
moi qui vis absorbé dans Ton souvenir.

nī amba ellām aṛiññiṭunnōḷ
peyan ñān pāmararkkagra gāmi
ninniccha entennaṛiññu cheyvān
pinne ñān engane śakta nākum (dēvī)

Mère, Tu es omnisciente et moi, fou que je suis, je suis le premier des ignorants. Bien que je sois conscient de mes limites, comment serais-je capable d'agir selon Ta volonté ?

kīrtti gāyatri kamala kānti
mukti ōmkāram svadhā virakti
nirguṇam appōl saguṇam ennal
okkeyum dēvī nī tanne yallō (dēvī)

O Dévi, Tu es tout à la fois la gloire, le mantra Gayatri, la lumière dans le lotus, la Libération, Om, l'Offrande, le détachement, le Qualifié et le Non-qualifié[2] !

pūrṇṇattin amśangaḷ jīvakōṭi
arṇṇavattilttira māla pōlē
ajjīvarāśikku mukti nēṭān
sajjīkarikkunnu viśvam amba! (dēvī)

Comme les vagues de l'océan, les millions d'êtres vivants font partie du Tout. Le plan de l'univers est d'aider tous les êtres à trouver la Libération.

jīvan bhavati tān en aṛiññāl
kāiviṭum vyakti, samsārabandham
nannāyinaṭicchoṭukkattuvēṣam
onnāyi veṭiyum naṭan kaṇakke (dēvī)

Celui qui comprend que sa propre vie n'est rien d'autre que Toi se détache du monde, comme un acteur qui change de tenue à la fin du spectacle.

lōkēśi rāgādi mūlamundām
śōkangaḷ - mitthyā bramangaḷ ellām

[2] Qualifié et Non-Qualifié : Saguna et Nirguna i.e. Brahman selon qu'Il est ou non doté d'attributs.

pōkkiś śaraṇam gamicchorenne
kākkaṇam kāitozhām nin padābjam! (dēvī)

O Souveraine du monde, protège-moi,
moi qui ai pris refuge en Toi, efface mes peines
et mes illusions, nées de l'attachement et de l'aversion.
A Tes pieds, je me prosterne !

DHANYA DHANYĒ

dhanya dhanyē jananī jaganmayī
brahma vādini chinmayī sanmayī
ammē! nin pāda patma parāgamen
karma mālinyam ellām mozhikkaṇē!....

O Toi qui es bénie, Mère du monde, Tu parles de l'Absolu,
Conscience pure et Être pur. O Mère,
que la poussière parfumée de Tes pieds de lotus
me délivre de toutes les impuretés nées de l'action.

kaṇṇukaḷkkentor ānandam ambikē!
munnil minnum ī divya rūpāmṛtam....
śarmadē! śubhē śāradē! śyāmaḷē!....
sarvamangaḷē! pāhimām pāhimām......

O Ambika, quelle joie pour mes yeux de voir Ta forme divine
d'ambroisie briller devant moi. O Toi qui donnes la Félicité,
Tu es propice, Déesse de la sagesse, Déesse au teint sombre
toujours auspicieuse, protège-moi, protège-moi !

vāḷeṭukkilum vēleṭuttīṭilum
vārnnozhukunna vātsalya dhāmamē!....
parinānanda pīyuṣa dhārayāl
pārvaṇēndu prabhāmayi! kaitozhām

Même si Tu tiens une épée ou une lance,
Tu es toujours la demeure de l'amour maternel débordant.
O Toi qui donnes le bonheur au monde à travers la Félicité,
Toi qui rayonnes de l'éclat de la pleine lune, je Te salue.

kāla kāla priyatamē! nirmalē!
kāmadē! dēvi! sarva mantrātmikē!
kaliṭaṛumpōḷ uḷkkaruttēkiyen
mālakattanē mātā amṛtēśvarī......

O Bien-Aimée de Celui qui détruit le temps (Shiva),
Toi qui es pure, Tu exauces nos désirs, O Déesse,
Âme de tous les mantras, Mère Amritanandamayi, daigne
dissiper ma douleur en me redonnant force lorsque je trébuche.

DHIMIKI DHIMIKI

ōm dhimiki dhimiki dhim
dhimiki dhimiki dhim
nāche bhōlā nāth
nāche bhōlā nāth
mṛidanga bōle śiva śiva śiva ōm
damaru bōle hara hara hara ōm
vīṇa bōle hari ōm hari ōm
nāche bhōlā nāth

DURGĀ BHAVĀNI MĀ

durgā bhavāni mā
jaya jaya dēvi mā
kāli kapālini mā
jaya jaya dēvi mā
parama śivānī mā

jaya jaya dēvi mā
jagadō dhārini mā
jaya jaya dēvi mā
durgā bhavāni mā
jaya jaya dēvi mā

DURGĒ DURGĒ

durgē durgē durgē jai jai mā
durgē durgē durgē jai jai mā
karuṇā sāgari mā
kāli kapālini mā
jagadō dhārini mā
jagadambē jai jai mā

Gloire, gloire à Mère Durga ! O Mère, Océan de Compassion, Mère Kali qui porte une guirlande de crânes humains (*symboles de la mort de l'ego*), Toi qui élèves le monde, gloire à la Mère Divine de l'univers.

ELLĀM AṚIYUNNA

ellām aṛiyunna kaṇṇanōṭu
onnum paṛayēnda kāryam illa

Que pourrait-on dire à Krishna, Lui qui est omniscient ?

kūṭe naṭan ellām kāṇunnundu
kāryaṅgaḷ ellām grahikkunnundu

Celui qui sait tout est toujours près de nous.

antarangattile chintayellām
ādi nārāyaṇan (parātparan) kāṇunnundu

L'Être primordial connaît nos pensées les plus intimes.

tanne marannonnum cheytīṭuvān
ārkkum orikkalum sādhyamalla

Qui oublie le Seigneur ne peut rien accomplir.

ādi nārāyaṇan kaṇṇan ennum
ārilum kūṭe vasikkunnundu

Le Seigneur primordial est omniprésent.

satya svarūpatte nammaḷ ellām
ānanda mōṭe bhajicchiṭēṇam

Adorons dans la joie cette Incarnation de la vérité
et de la pure présence.

EN MAHĀDĒVI LŌKĒŚI

en mahādēvi lōkeśi bhairavī
ente uḷḷam teḷikkāttatentu nī
chinta nī yamamē yamen chaṇḍikē
ninte līlakaḷ ōrōnnum atbhutam!

O ma grande Déesse, Souveraine du monde,
Parèdre du Seigneur Shiva, quand viendras-Tu
m'illuminer ? O Chandika, à la réflexion,
chacun de Tes jeux apparaît merveilleux et infini.

ambē ninte kaṭākṣam tarēṇamē
ambayallā torāśrayam illallō
ambikē jagannāyikē bhūvil nī
kambam ellām ozhikkēṇam chinmayī!

O Mère, bénis-nous d'un regard de Ta grâce. Nous n'avons pas d'autre refuge que Toi. O Mère, Impératrice de l'univers, Tu es la Terre elle-même. Libère-moi, je T'en prie, de tous les désirs, O pure Conscience !

īśvarī nin savidhē vasikkuvān
śāśvatamāya mārgattilūṭenne
viśva mōhinī ennum nayikkaṇē
sachhidānanda mūrttē tozhunnu ñan

O Déesse, Enchanteresse de l'univers, nous T'adorons. Guide-moi toujours sur le chemin de l'éternité afin que je puisse demeurer à jamais près de Toi. Les mains jointes, je T'adore, Incarnation de l'Être-Conscience-Béatitude.

ninte kāruṇya meṅkalundākanē
tampurāṭṭī mahēśī.. .. mahēśvarī
ninte rūpam en chittattil ekiyen
antarātmā vilānandam ēkaṇē

O grande Déesse, que Ta grâce soit avec moi. Grave Ta forme dans mon cœur et donne la joie à mon âme.

EN MANASSIN ORU MAUNAM

en manassin oru maunam maṇivarṇṇan
varāttatin maunam
kaṇṇane kāṇā tuzhannuzhan ennuṭe
kaṇṇiṇa kaṇṇīr kutirnnū... (en mana)

Mon cœur est triste car Sri Krishna ne vient pas. Privée de Sa vision, le désir de Le voir me fait verser un torrent de larmes.

kālimēykkān pōyi varāññatō ? kaṇṇan
kālattuṇarā tuṛaṅgiyō ?
kāṛoḷivarṇṇa kāṇān koticchu ñān
kēzhunna kāryam maṛannuvō ? (en mana)

N'est-il pas encore rentré avec le troupeau ?
N'est-Il pas encore réveillé ? L'Enfant au teint sombre
a-t-Il oublié que mon cœur pleure de désir pour Lui ?

pāl veṇṇayūṇu muṭangiyō ? piñchukāl
tettiyeṅgānum vīṇuvō ?
nin kazhalppūkkaḷil tēn nukarān -bhaktabhṛingangaḷ
mūṭippotiññyuvō ? (en mana)

Peut-être n'a-t-Il pas eu son beurre et son lait à manger ?
Peut-être son tendre pied a-t-il glissé, peut-être est-Il tombé
quelque part ? Ses dévots se sont peut-être rassemblés
autour de Lui pour boire le miel de Ses pieds ?

entē varāninna māntam... kaṇṇan
enne maṛannu pōyennō ?
kaṇṇā varika nī kāṛoḷi varṇṇāyen
kaṇṇīr mizhikaḷkku munnil... (en mana)

Pourquoi Kanna n'est-Il pas venu aujourd'hui ?
M'as-Tu oubliée, Toi dont le teint est semblable
aux sombres nuages ? Viens, je T'en prie,
essuyer les larmes de mes yeux !

ENNUṬE JĪVITA

ennuṭe jīvita nauka bhavābdiyil
muṅguka āṇammē muttum
māya vaḷarttum koṭuṅkātturūkṣamā-
yūtukayāṇente chuttum

O Mère, mon bateau sombre dans l'océan du monde.
L'ouragan de l'illusion fait rage de toutes parts.

chaṇḍhikaḷ āṛu vikāraṅgaḷāṇ ente
tandu valikkārāyuḷḷōr
chukkān piṭihchiṭān pāṭvamattavanāṇen
manaḥ karṇṇa dhāran

Mon timonier, le mental, est maladroit.
Mes six rameurs, les passions, sont rebelles.

kāṇiyum kāruṇya hīnamikkātilen
tōṇi takarukayāyi
tōṇiyil nin ayyō! bhaktitan paṅkāyam
vīṇukandīchhatum pōyi

J'ai levé l'ancre par un vent sans merci
et maintenant mon bateau coule.
Le gouvernail de la dévotion est cassé.

viśvāsamāyi uḷḷoroṭupāyundatu
mikkatum jīrṇṇīcchu pōyi
vaḷḷatiluḷḷoru viḷḷalatilūṭe
veḷḷam niṛayukayāyi

Le voile de la dévotion est en lambeaux…
mon bateau prend l'eau de toutes parts.

entini ceyyēntu ñānennum nī vēgam
cholli tarēṇam en amme!
kūriruḷ kūmbāramāṇente chuttilum
ñān atilāndupōm munpē
ammatan tan tirunāma mām kayyilippon
makan keṭṭippiṭikkum

Dis-moi, que dois-je faire ? Avec mes faibles yeux,
je ne vois plus, hélas, que les ténèbres !
Balloté par les vagues, O Mère,
je m'agripperai au radeau de Ton nom.

ENTAMMĒ NIN MAKKAḶĒ

entammē nin makkaḷe nōkkuvān maṭikkunnū
entāṇī sādhu cheyta tettennu chōlka tāyē

O Mère, pourquoi hésites-Tu à regarder Tes enfants?
O Mère, pardonne la faute commise par ce malheureux.

bōdhakkuṛavinālē bādhicha tettukaḷē
bōdham uḷḷa amma entē māttuvān maṭikkunnu

O Mère omnisciente, pourquoi hésites-Tu à effacer
les erreurs que j'ai commises par ignorance ?

ādhiyālaṅgumingum ōṭiyalaññiṭunna
sādhu vargatti nārā ṇādhāram cholka tāye

O Mère, dis-moi, quel est le soutien des malheureux qui,
ne pouvant échapper à leurs souffrances sans fin, errent en ce monde ?

muppārum pōttuvānāyi kelppuḷḷōr ammē ninte
tṛppāda sēva cheyyān kāttirikkunnu ñaṅgaḷ

O Mère qui supporte les trois mondes,
nous voudrions tant servir Tes pieds sacrés.

svarlōkatulyamāmī hṛdayattiṅkal vannu
kalyāṇa mūrttiyāyiṭṭullasichīṭukammē

O Mère, Incarnation de tout ce qui est propice,
viens illuminer ce cœur égal au ciel.

kāruṇyakkātalākum ammē ponnambikē nī
chārattu vannu ninnu makkaḷe onnunōkkū

O Mère, ma Mère bien-aimée, Essence de la compassion,
viens lancer à Tes enfants un regard tendre et miséricordieux.

pāhimām lōka mātē pāhimām viśvanāthē
pāhimām pāhimām dēhi mē tvalprasādam

O Mère du monde, protège-moi ! Déesse de l'univers, protège-moi !
Protège-moi ! Protège-moi ! Répands sur moi Tes bénédictions !

ENTE KAṆṆUNĪR

ente kaṇṇunīr etra kandālum
manassaliyuka illē ammē nin
manassaliyuka illē ?

Ne vois-Tu pas mes larmes, O Mère ?
Comment se fait-il que Tu ne ressentes aucune compassion ?

etrayō nāḷukaḷāyi nin pādam aṇayunnu
enniṭṭum anguḷḷil - prasādam illē- ammē
anguḷḷil prasādam illē ?

Voilà tant de jours que je suis venue à Tes pieds
afin de trouver refuge auprès de Toi.
Pourquoi n'es-Tu pas satisfaite ?

nin bhakta dāsarkku manaḥśānti eṅkilum
nalkuvān entinammē - maṭi kāṭṭunnu- ammē
entinu maṭi kāṭṭunnu

O Mère, pourquoi tardes-Tu, pourquoi tardes-Tu à accorder
ne serait-ce que la Paix à Tes serviteurs dévoués ?

nin pāda śaraṇārttham aṇayumī aṭiyane
śaraṇam nalki anugrahikkū -ammē
śaraṇam nalki anugrahikkū

Tes pieds sont le seul refuge de cette âme malheureuse.
Ainsi donc, sois mon refuge, bénis-moi.
O Mère, sois mon refuge, bénis-moi.

ETRAYŌ NĀḶĀYI

etrayō nāḷāyi kāttirikkunnu ñān
vyartham āyīṭumō jīvitam īśvarā

Il y a si longtemps que j'attends, O Seigneur !
Ma vie va-t-elle passer en vain ?

lōkaṅgalkkellām adīśan āṇangunnu
kēvalam ñān oru nissāra jīviyum

Tu es le Seigneur de tous les mondes
et je ne suis qu'une créature insignifiante.

sādhu vāmennuṭe chittattil angaye
vāzhikkuvān uḷḷa mōham vṛthāvillō...

Comment puis-je Te demander de venir
demeurer à l'intérieur de mon pauvre cœur ?

koḷḷarutāttoru pāzhkkuṭil eṅkilum
āśayoṭen chittam nōkku nitangaye

La porte de l'humble chaumière de mon cœur est grande ouverte ;
jour et nuit je contemple le chemin de l'espoir, en brûlant de désir.

audhatyam ennatu tōnnarutīśvarā
telliṭa nīyitil viśvamam koḷḷumō...

Est-il présomptueux de ma part, O Seigneur,
de désirer que mon humble cœur soit Ta demeure ?

alppam ennākilum viśvamam koḷḷukil
dhanya mām ennuṭe jīvitam īśvarā...

Seigneur, même si Tu ne viens qu'un moment,
ma vie sera alors bénie.

GAJĀNANĀ

gajānanā hē gajānanā
gajānanā hē gajāvadana (gajānanā)

O Dieu au visage d'éléphant.

pārvati nandana gajānanā
sarvita mada hara gajānanā
kāruṇyālaya gajānanā
kāraṇa pūruṣa gajānanā

O Fils de Parvati, Demeure de la compassion, Cause suprême.

vighna vināyaka gajānanā
sajjana sēvita gajānanā
chid ghana śyāmaḷa nitya nirāmaya
satphala dāyaka gajānanā

Toi qui détruis les obstacles et que servent
les êtres vertueux, Tu es pure Conscience,
Dieu au teint bleu-sombre, Toi l'Eternel, Tu nous
délivres de la douleur et accordes la réussite.

ārtta samrakṣaka gajānanā
ātmā prakāśā gajānanā
ānandāmṛta pūrita mōda
surādhipa sēvita gajānanā

Protecteur de ceux qui souffrent, Tu illumines le Soi,
Tu es rempli de Béatitude et Indra lui-même T'adore.

GANGĀDHARĀ HARA

gangādharā hara gangādhara hara
gangādhara hara gangādharā
paramaśiva śaṅkarā gangādhara jaya
jagadīśa mām rakṣa gangādharā
O Toi qui portes le Gange dans Ta chevelure,

Toi qui détruis l'ignorance, Vérité suprême,
Toi qui donnes ce qui est favorable, je Te salue,
Seigneur de l'univers ! Protège-moi, O Seigneur.

viśva bhava nāśakā gangādharā
viśvarūpa viśvātmakā gangādharā
viśvēśa vikhyāta dēvēśa śiti kaṇṭha gangādharā
jaya jagadīśa mām rakṣa gangādharā

O Shiva, Être universel et Âme du monde, Toi qui détruis l'océan du devenir et dont la gloire est célébrée dans tout l'univers, je Te salue, Seigneur universel ! Protège-moi, O Shiva !

bhasmāngaraga hara gangādharā
śaktinātha mṛtyuñjaya gangādharā
śrī jagannivāsa śiva gangādharā
jaya jagadīśa mām rakṣa gangādharā

O Toi dont le corps est enduit de cendre sacrée.
Seigneur omnipotent, Vainqueur de la mort,
je Te salue, Seigneur universel ! Protège-moi, O Shiva !

śrī sōmanātha śiva gangādharā
duḥkha daridra bhaya nāśa gangādharā
pārvati vallabhā gangādharā

jaya jagadīśa mām rakṣa gangādharā

O Shiva, Toi qui résides dans le temple de Somanath,
Tu anéantis la douleur, la pauvreté et la peur.
Bien-aimé de Parvati, je Te salue, Seigneur universel !
Protège-moi, O Shiva !

vāraṇāsī pura gangādharā
jaya kailāsa giri vāsa gangādharā
kēdāra ṛṣi kēśa gangādharā
jaya jagdīśa mām rakṣa gangādharā

O Shiva, Toi qui résides à Varanasi, sur le mont Kailasa,
à Kedaranath et à Rishikesh, je Te salue, Seigneur universel !
Protège-moi, O Shiva !

jaya vaidyanātha śiva gangādharā
bhīma śankara nāgeśa gangādharā
śri mallikārjuna gangādharā
jaya jagadīśa mām rakṣa gangādharā

Je Te salue, Seigneur de Vaidyanatha, Seigneur des serpents,
Bhima Sankara, Seigneur Mallibarjuna (du temple de Srisaila),
je Te salue, Seigneur universel ! Protège-moi, O Gangadhara !

GHANA ŚYĀMA SUNDARA

ghana śyāma sundara
bansīdhara hē kṛṣṇa kanayya
tū hi mērē mām bapu bhaya
dēvakī nandana hē parandhāma
dīna bāndava dvāraka nāthā
rādhā hṛidaya vihāra harē kṛṣṇa
muralī dharā madhusūdana
gōpāla nā hē gōpāla nā

O Enfant au beau teint sombre,
O cher Krishna qui tient la flûte,
Tu es ma Mère, mon Père et mon Frère.
Fils de Dévaki, ultime refuge, Tu protèges
ceux qui souffrent. Seigneur de Dvaraka,
Tu joues dans le cœur de Radha,
Tu tiens une flûte, Tu as anéanti le démon Madhu.

GIRIDHĀRI JAI GIRIDHĀRI

giridhāri jai giridhāri
sugaṇḍha tulasi dala vanamālī
giridhāri jai giridhāri

Gloire à Celui qui soulève la montagne Govardhana,
gloire à Giridhari qui porte une guirlande au doux parfum,
faite de feuilles de basilic (*tulasi*).

munijana sēvita mādhava murahara
murali mōhana giridhāri
gōpi manōhara giridhāri
gōpa manōhara giridhāri

Gloire à Celui que servent les sages,
au Bien-aimé de la Déesse Lakshmi,
à Celui qui a anéanti le démon Mura,
au charmant Joueur de flûte Giridhari
qui captive le mental des gopis et des gopas !

GŌPĀLA GŌVINDA

gōpāla gōvinda kṛṣṇa vāsudēva
rādhikā chandra chakōra kṛṣṇa vāsudēva
dāmōdarā achyutā muralī manōhara

vāsudēvā hari vāsudēvā hari vāsudēvā

dēvakī nandana śṛīnivāsā vāsudēvā
jiṣṇu hṛṣīkēśa śauri vāsudēvā
nārada munīndrānanda nanda yaśōdānanda
vāsudēvā hari vāsudēvā hari vāsudēvā

śyāma sundara manōharā vāsudēvā
patmanābhā kamalekṣaṇā vāsudēvā
śyāmaḷa kōmaḷa anga śēṣa śayana kēśavā
vāsudēvā hari vāsudēvā hari vāsudēvā

nanda nandā janārdhanā vāsudēvā
dīna nātha duḥkha bhanjanā vāsudēvā
jaya sindhu dharaṇīdharā sundara mukhāravindā
vāsudēvā hari vāsudēvā hari vāsudēvā

gōpī nāthā madana mōhanā vāsudēvā
navanīta priya dadhi chōrā vāsudēvā
kṛṣṇa kamala lōchana gōpī lōla vanamāli jaya
vāsudēvā hari vāsudēvā hari vāsudēvā

nitya nirguṇā niranjanā vāsudēvā
atimadhura sundara rūpā vāsudēvā
chāru chandrāvatamsa chandanālēpanānga
vāsudēvā hari vāsudēva hari vāsudēvā

muktidāyakā mukundā hari vāsudēvā
yādavēndra yadu bhūṣaṇā vāsudēvā
kēvala gopāla ghana śyāmā ramā vallabhā
vāsudēvā hari vāsudēvā hari vāsudēvā

bhakta mandāra varatīra vāsudēvā
paramānanda divya sundara vāsudēvā
bhava bandhana vimōchakā dvāraka nāyaka vāsudēvā
vāsudēvā hari vāsudēvā hari vāsudēvā

nava navanīta rasikā vāsudēvā
agaṇīta lōka nāyakā vāsudēvā
bhavya yōgī paripālaka bhaktō dhāraṇa
vāsudēvā hari vāsudēvā hari vāsudēvā

gōpāla	Protecteur des vaches
gōvinda	Seigneur des vaches
vāsudēva	Fils de Vasudeva
hari	Destructeur du samsara
rādhikā chandra chakōra	L'oiseau Chakora qui boit les rayons de lune du visage de Radha
dāmōdara	Qui était lié à un mortier
achyuta	Inébranlable
murali	Joueur de flûte
manōhara	L'enchanteur du mental
dēvakī nandana	Fils de Dévaki
Srīnivāsa	Demeure de Sri (Lakshmi)
jiṣṇu	Arjuna
hṛṣīkēśa	Seigneur des sens
śauri	Natif du clan des Sura
nārada munīndrānanda	La béatitude des grands sages tels que Narada
yaśōdānanda	La béatitude de Yashoda
patmanābha	Nombril de lotus
kama lēkshana	Aux yeux de lotus
śyāmala kōmala anga	dont les membres sont de couleur sombre
śēṣa śayana	Celui qui repose sur le serpent du Temps
kēṣava	Destructeur du démon Keshi, le Chevelu
nanda nandana	Fils de Nanda

dīna nātha dukha bhanjana	Destructeur des souffrances des affligés
jaya sindhu dhara nīdhara	Celui qui a soulevé victorieusement la terre hors de l'océan
sundara mukhāravinda	Celui dont le visage a la beauté du lotus
gōpinātha	Seigneur des gopis
madana mōhana	Celui qui charme le dieu de l'amour lui-même
navanīta priya	Qui aime le beurre
dadhi chōra	Voleur de lait caillé
kamala lōchana	Aux yeux de lotus
gōpi lōla	Cœur tendre envers les gopis
nitya nirguna niranjana	Eternel, sans qualités (*gunas*), sans souillure
atimadhura sundara rūpa	Forme extrêmement douce et belle
chāru chandrāvatamsa	Visage semblable à la lune
chanda nālēpa nanga	Aux membres recouverts de pâte de santal
mukti dāyaka	Libérateur de l'âme
mukunda	Celui qui donne la Libération
yādavēndra	Seigneur des Yadus
yadu bhūshana	Ornement de la race de Yadu
kēvala	Réalité unique
ghana śyāma	Couleur d'un bleu profond
ramā vallabha	Seigneur de Lakshmi
bhakta mandāra varatīra	Arbre qui accorde des faveurs aux dévots
paramānanda	Félicité suprême
divya sundara	Beauté divine
bhava bandhana vimōcana	Destructeur des liens du devenir
dvāraka nāyaka	Seigneur de la ville de Dvaraka
nava navanīta rasika	Qui aime le beurre

lōka nāyaka	Seigneur du monde
aganīta	Innombrable
bhavya yōgi paripālaka	Soutien des humbles yogis
bhaktō dhārana	Celui qui élève les dévots

GŌPĀLA KṚṢṆĀ

gōpāla kṛṣṇā rādhā kṛṣṇā
kṛṣṇā gōpāla kṛṣṇā
kanaiyyā gōpāla kṛṣṇā śrī kṛṣṇā
śrī kṛṣṇā śrī kṛṣṇā śrī kṛṣṇā
kṛṣṇā gōpāla kṛṣṇā
kanaiyyā gōpāla kṛṣṇā

satrū kurūṇām sakha pāṇdhavā nām
kṛṣṇā vāsudēva
śrī kṛṣṇā śrī kṛṣṇā śrī kṛṣṇā śrī kṛṣṇā
hē nātha nārāyaṇa vāsudēva
śri kṛṣṇā gōvinda harē murārē...
hē nātha nārāyaṇa vāsudēva....

gōpāla	Le Protecteur des vaches ou le Seigneur des sens
kṛṣṇā	Le Seigneur qui attire à lui irrésistiblement
rādhā	La parèdre de Krishna, l'Energie divine ou Puissance
kanaiyyā	Enfant chéri
satrū kurūnām	Ennemi des Kurus
sakha pāṇdhavā nām	L'ami des Pandavas
vāsudēva	Fils de Vasudeva, (*père de Krishna*). Egalement : celui qui réside en toute chose
hē nātha	O Seigneur

nārāyaṇa	La forme du Seigneur Vishnu allongé sur le serpent Ananta
gōvinda	Seigneur des vaches
harē	Le voleur de nos cœurs
murārē	Celui qui a tué le démon Mura

GŌPĪ VALLABHA

gōpī vallabha gōpāla kṛṣṇā
gōvardhana giri dhārī
rādhā mānasa rājīvalōchanā
kāyām pūvuṭal varṇṇā kṛṣṇā (gōpī)

O Gopala Krishna, Bien-Aimé des Gopis,
Toi qui as soulevé la Montagne Govardhana,
Enfant aux yeux de lotus,
Tu joues dans le mental de Radha,
Ta couleur est celle du lotus bleu.

vṛndāvana sañchāriyām kṛṣṇā
chen tāmara daḷa nayanā
bandhama kattuka nanda kumārā
sundara bāla- mukundā- kṛṣṇā..... (gōpī)

O Krishna, Tu déambules dans Vrindavan,
Tes yeux sont pareils aux pétales du lotus rouge.
O Fils de Nanda, délivre-moi de tous les liens,
bel Enfant Krishna, Toi qui confères la Libération.

madhurādhi patē śrī kṛṣṇā
sakalā maya hara dēvā.....
paritāpakanām tava pada dāsanu
abhayam nalkuka dēvā kṛṣṇā
abhayam nalkuka dēvā....... (gōpī)

O Shri Krishna, Seigneur de Mathura,
Tu détruis la douleur, daigne donner refuge
à tous Tes serviteurs en proie à la douleur.

GŌVARDHANA GIRIDHĀRI

gōvardhana giridhāri
gōpikā jana hṛdaya vihārī
gōkulabālā līlālōlā
gānāmṛta muralī ravadhārī

O Toi qui as soulevé la montagne Govardhana,
Tu joues dans le cœur des gopis, Tu protèges Gokul.
Tu aimes jouer et de Ta flûte émanent
des sons mélodieux.

kāliyamada bhaya damana naṭana
kāmana nāśana kāmita phaladā
kiñchana pōlum tāmasamarutini
kañja dalāyata lōchanā varū nī...kaṇṇā...kaṇṇā...

Tu as dansé sur la tête du serpent Kaliya
afin de dissiper la terreur engendrée par son orgueil.
Toi qui détruis les désirs et nous donnes ce que nous désirons,
ne tarde pas à venir, Enfant aux yeux de lotus.

sañchita karma phala pradanām nin
piñchika pōliḷakīṭum mānasam
pañcha hayangaḷe bandhicchaṭiyan
nin chēvaṭikaḷila maruvatennō...kaṇṇā...

Tu donnes à chacun le fruit de ses actions (*karma*).
Mon mental tremble comme une plume de paon
en s'efforçant de maîtriser les cinq sens.
O Krishna, quand pourrai-je m'unir à Tes pieds ?

madhura manōhara mr̥dula kaḷēbara
māyā mōhana mādhava mukundā
mīna dhvaja kaustubha vanamālī
mām paripālaya tāraka bhagavan

O Toi dont le corps est doux, aimable et charmant.
Bien-Aimé de la Déesse de l'abondance, Toi qui donnes
la Libération, Tu nous charmes par Ta Maya.
Ta bannière porte le symbole du poisson,
Tu es paré du joyau Kaustubha et d'une guirlande
de fleurs sauvages. O Seigneur, protège-moi et sauve-moi !

GOVARDHANAGIRI KUṬAYĀKKĪ

gōvardhana giri kuṭayākki
gōpika rādhaye sakhiyākki
gōpakumāra en hr̥dayam
gōkula mākki

O petit pâtre, Tu as utilisé le Mont Govardhana
comme un parapluie, Tu as fait de Radha Ton amie
très chère. O Krishna, Tu as transformé mon cœur à Gokul.

nizhaline nīla nilāvāyi māttum
muralī mōhana nin gānamam
karaḷil puṇyam viṭaṛunnu
priyatara śrīdhara nāmam

Charmant Joueur de flûte, Ta divine musique
occulte le clair de lune argenté lui-même.
Ton nom attachant, O Giridhara,
répandra en moi les auspices les plus favorables.

azhaline ellām madhuvāyi māttum
karaḷil mādhava nin bhāvam

uyiril prēmam potiyum divyam
sukhakara sundara rūpam

O Madhava, Tes différents aspects
transformeront en nectar les peines du cœur.
Ta forme magnifique et charmante remplira notre vie d'un flot d'amour.

GŌVINDA KṚṢṆA JAI

gōvinda kṛṣṇa jai gōpāla kṛṣṇa jai
gōpāla bāla bāla rādhā kṛṣṇa jai

kṛṣṇa jai kṛṣṇa jai kṛṣṇa jai
kṛṣṇa kṛṣṇa kṛṣṇa kṛṣṇa jai

gopika māla hari pyāri mayi mīra mana vihāri
madana mōhana muralidhāri kṛṣṇa jai

kṛṣṇa jai rāma kṛṣṇa jai rādhā kṛṣṇa jai
bāla kṛṣṇa kṛṣṇa kṛṣṇa kṛṣṇa jai

gōvinda	Le Seigneur des vaches
gōpāla	Enfant vacher
bāla	Le garçon
gōpika māla hari pyāri	Seigneur bien-aimé des Gopis
mayi mīra mana vihāri	Qui joue dans le cœur de Mira
madana mōhana	Qui charme le mental
muralidhāri	Qui tient la flûte

GŌVINDA NĀRĀYAṆA

gōvinda nārāyaṇa gopāla nārāyaṇa
gōvinda gōvinda nārāyaṇa

gōvinda gopāla nārāyaṇa
gōvinda gōvinda nārāyaṇa
hari gōvinda gōpāla nārāyaṇa
gōvinda ānanda nārāyaṇa

HAMSA VĀHINA DĒVĪ

hamsa vāhana dēvī
ambā sarasvatī

O Déesse qui chevauche un cygne,
Mère Sarasvati, Déesse de la Sagesse.

akhila lōka kalā devī ambā sarasvatī
hamsa vāhana dēvī ambā sarasvatī

Tu es la Lune de l'univers.

sṛnga śaila vāsini ambā sarasvatī
sangīta rasa vilāsini ambā sarasvatī

Tu demeures sur la Montagne Sringeri
Tu joues dans l'extase de la musique.

HARĒ KĒŚAVA GŌVINDA

harē kēśava gōvinda vāsudēva jaganmaya
śiva śaṅkara rudrēśa nīlakaṇṭha trilōchana

gōpāla mukunda mādhava
gōparīkṣa dāmōdara

gaurī pati śiva śiva harē
dēva dēva gangādhara

madhusūdana madana mōhana
madhu vairi maṅgalākara

mahādēva mahēśvara
mṛtyuñjaya bhava bhaya hara

sītā nātha rādhā nātha lakṣmī nātha jagannātha
gangā nātha gaurī nātha dīna nātha viśvanātha (harē)

harē	Seigneur Vishnu
kēśava	Le Chevelu, Celui qui a tué le démon Keshi
gōvinda	Seigneur des vaches (les sens)
vāsudēva	Fils de Vasudeva
jaganmaya	Qui imprègne l'univers tout entier
śiva	L'Auspicieux
hara	Le Destructeur
rudrēśa	Seigneur des Rudras
nīlakaṇṭha	Seigneur à la gorge bleue
trilōchana	Celui qui a trois yeux
gōpāla	Le Protecteur des vaches
mukunda	Celui qui donne la Libération
mādhava	Le Bien-aimé de la Déesse Lakshmi
gōparakṣaka	Celui qui protège les vachers
dāmōdara	Celui qui a été attaché avec une corde
gaurīpati	L'Epoux de Parvati
hara	Le Destructeur
dēva dēva	Le Dieu des dieux
gangādhara	Celui qui porte le Gange sur la tête
madhusūdana	Celui qui a tué le démon Madhu
madana mōhana	Celui qui charme le mental
madhuvairi	L'Ennemi du démon Madhu
mangalākara	Celui qui est propice
mahādēva	Le grand Dieu
mahēśvara	Le grand Seigneur
mṛtyunjaya	Le Vainqueur de la mort

bhavabhayahara	Celui qui détruit la peur du devenir
sītā nātha	Seigneur de Sita
rādhānātha	Seigneur de Radha
gangānātha	Seigneur du Gange
lakṣmīnātha	Seigneur de Lakshmi
jagannātha	Seigneur de l'univers
gaurīnātha	Seigneur de Parvati
dīnanātha	Seigneur de ceux qui souffrent
viśvanātha	Seigneur de l'univers

HARĒ MURĀRĒ

harē murārē madhu kaiṭa bhārē
gōvinda gōpāla mukunda śaurē

O Hari, Toi qui as tué les démons Mura, Madhu, et Kaitabha,
O Seigneur et Protecteur des vaches, Toi qui accordes
la Libération, Tu es né dans la dynastie de Surasena.

anantā śrīdharā gōpāla kēśavā
mukundā mādhava nārāyaṇa harē

Toi l'Infini, Tu portes en Ton cœur la Déesse Lakshmi, Govinda,
Toi qui as tué Keshi, Tu accordes la Libération, Bien-aimé de Lakshmi,
Tu es allongé sur les eaux primordiales, O Hari.

dēvakī nandana gōpikā ramaṇā
bhaktōdhāraṇa trivikramā

Fils chéri de Dévaki, O Bien-aimé des Gopis,
Toi qui élèves la conscience des dévots
en trois enjambées, Tu as couvert l'univers entier.

HARIYUṬE KĀLIL

hariyuṭe kālil vīzhātārkkum
pari tāpāgni śamikkilla
nityam guruve vaṇaṅgātārkkum
nirvāna sukham kiṭṭilla

Nul ne peut éteindre le feu douloureux
de la transmigration, s'il ne tombe aux pieds
de Hari. Nul ne peut obtenir la Libération,
s'il ne se prosterne devant le guru.

nāma japattil muzhukā tārkkum
īśanilettān āvilla
bhakti rasattil layikkā tārkkum
muktāvastha labhikilla

Nul ne peut atteindre le Seigneur s'il ne se laisse
totalement absorber en chantant Son Nom.
Nul ne peut atteindre la Libération,
s'il ne se fond dans la douceur de la dévotion.

dhyāna japādikaḷ cheytīṭāttōn
ānandāmṛta muṇṇillā
dharmam dayayum kūṭāte sat
karmam cheyyān kazhiyilla

Celui qui ne médite pas, qui ne pratique ni le japa ni une autre discipline spirituelle, n'obtiendra pas le nectar de la Béatitude. Sans vertu ni compassion, nul ne peut accomplir de bonnes actions.

sangam muzhuvan upēkṣikkāte
samsārāgni keṭukilla
uḷḷil asūya ozhiññī ṭāte
bhagavān nēril varukilla

Qui ne s'est pas détaché de tout,
ne peut éteindre le feu de la transmigration.
Tant que nous n'avons pas éliminé la jalousie,
Dieu ne peut venir à nous.

nēriṭṭīśane darśikkāte
nērentāneṇaṛiyilla
ellām īśvaranennaṛiyāte
alla loṭukkān vazhiyilla

Sans la vision directe de Dieu,
nul ne peut connaître la Vérité.
Sans la Connaissance de Dieu,
il n'y a pas d'issue à la douleur.

bhaktanu tuṇayam tōzhanu tāngum
bhagavān allā tingilla
īśvaran nammōṭottuḷ appōḷ
āśrayamatta varāṇō nām ?

En ce monde, Dieu est le seul Ami du dévot et
le Support de ceux qui sont sans appui.
Nous ne sommes jamais seuls,
puisque Dieu est avec nous !

HĒ AMBA

hē amba hē amba hē amba bōl
īśvara sata chita ānanda bōl
sāmba sadāśiva sāmba sadāśiva
sāmba sadāśiva bōl
pālaka prē raka satipati bōl
ambā... ambā... jaya jagadambā...
akhilāṇdhēśvari jaya jagadambā

Dis « O Mère, O Mère, O Mère »,
Dis « Seigneur, qui est Être-Conscience-Béatitude »
Dis « Toi qui es éternellement auspicieuse »
Dis « Protectrice, Inspiratrice et Seigneur de tout »
Je Te salue O Mère, O Mère universelle,
Je Te salue, O Mère de l'univers !

HĒ GIRIDHARA GŌPĀLĀ

hē giridhara gōpālā.... (3 times)
mādhava murahara madhura manōhara
giridhara gōpāla

O Toi qui a soulevé la montagne, Protecteur des vaches,
Bien-aimé de Lakshmi, Toi qui as tué le démon Mura,
doux Enfant, Tu captives tous les cœurs.

nanda kumārā sundarākārā
vṛndāvana sañchāra
muraḷī lōla muni jana pāla
giridhara gōpala

O Fils de Nanda à la forme magnifique,
Toi qui joues à Vrindavan,
petit Joueur de flûte, Protecteur des sages.

kaustubha dhāra mauktikakārā
rādhā hṛdaya vihāra
bhaktōdhāra bāla gōpālā
giridhara gōpāla

Tu portes la gemme Kaustubha et un collier de perles,
Tu joues dans le cœur de Radha, Tu élèves
la conscience des dévots, O Enfant Krishna.

gōpari pāla gōpīlōla
gōvardhanōdhāra
nanda kumārā navanīta chōrā
giridhara gōpālā

Protecteur des vaches, Tu joues avec les vachères,
Toi qui as soulevé la montagne Govardhana,
Fils de Nanda, petit Voleur de beurre.

HĒ MĀDHAVA

hē mādhava yadu nandana
manamōhana hē madhusūdana
janārdhana rādhā jīvana
gōpālanā gōpī ranjana

O Bien-aimé de la Déesse Lakshmi, Fils du clan de Yadu,
Toi qui captives les cœurs, Tu as tué le démon Madhu,
Destructeur des êtres malveillants, Vie de Radha,
Protecteur des vaches, Tu fais les délices des gopis.

HṚDAYA NIVĀSINI

hṛdaya nivāsini ammē snēhamayi ammē

O Mère, Toi qui demeures dans le cœur, Incarnation de l'amour.

onnum uriyāṭān aṛiyillamē
nin tirunāmangaḷallāte.. ..

Je ne puis prononcer d'autres mots que Tes Noms sacrés.

nin charitam pakarnnu nalkuvān
anugraham ēkaṇē lōkamātē
laukika bhōgavum sukhavum vēnda
vēndatu nirmala bhaktimātram (hṛdaya)

O Mère du monde, sois miséricordieuse et
permets-moi de réciter Ton histoire.
Je ne veux ni les jouissances mondaines
ni le plaisir. Je ne veux que la pure dévotion.

janmangaḷetra kazhiññu pōyi
trippādam chērāte pāzhāyi
ammē nin apāra kāruṇyattāl
ī janmam nin tirumunniletti

Combien de naissances ai-je gaspillées avant de
pouvoir approcher Tes pieds sacrés ? Maintenant,
O Mère, grâce à Ton impénétrable compassion,
j'ai atteint Ta sainte Présence.

nirmala snēha sāgaramē
aviṭuttēykkenne ñānarppippū
venda onnumē vēndenikku
ninne aṟiyātta jīvitam (hṛdaya)

Océan d'amour pur, je m'offre à Toi. Je ne veux pas
d'une vie où je ne Te connaîtrais pas.

bhārangaḷēnti ñān janma janmaṅgaḷāyi
ammaye aṟiyāte naṭannu
ī janmam ninne kandu ñānābhārangaḷellām
ninakku tannu.
sthiramāyatonnumē kāṇunnillammē
ninte chaitanya mallāte
ā chaitanya dhārayil aliññu
ennile ñān maṟanniṭaṭṭe (hṛdaya)

Avant de Te connaître, j'ai porté mon fardeau de vie en vie.
Maintenant que je T'ai rencontrée, j'ai tout déposé à Tes pieds.
O Mère, tout ce que l'on voit est impermanent, tout, sauf Toi.
Laisse-moi me fondre dans le courant de cette Conscience divine.

randalla ñānum ammayum ennamma
ennō ṭōtiyirun ennālum
onnāyi kāṇuvān kelpillenikkennum
paitalā vānāṇu mōham
paitaline ennennum amma
ichhayōṭe vaḷarttīṭum allō
attṛkkara sparśattāl ente
pāpangaḷ okkeppōkum allō (hṛdaya)

Bien que Mère m'ait révélé qu'Elle et moi
ne faisons qu'Un, je suis incapable de La voir.
Je désire seulement être Ton enfant, O Mère.
Mère devrait toujours prendre soin de son enfant.
Par le simple toucher de Tes mains,
tous mes péchés s'effaceraient.

entini tāmasam chōlka tāyē
ī paital aviṭutte svantam allē
svantam āṇennu ninachu ninachu ñān
nimiṣaṅgaḷeṇṇi kazhichiṭunnu
entini cheyyaṇam ninnil layikkuvān
mārgam iniyum kāṭṭukillē
ñān onnumēyalla ammē ellām
nī tanne nī tanne sarvasvavum (hṛdaya)

Dis-moi, O Mère, cet enfant n'est-il pas Tien ?
Alors pourquoi autant tarder ?
En pensant que je T'appartiens, je compte chaque instant.
Que faut-il faire pour s'approcher de Toi ?
Ne me montreras-Tu pas le chemin ?
Je ne suis rien et Tu es tout, Toi seule es tout.

HṚDAYAPUṢPAMĒ

hṛdayapuṣpamē parayū... nin
nayanam nanañña jalamētu ?
duḥkha bāshpamō ? ānanda bāṣpamō ?
tēnō ? snēharasamō... ? (hṛdaya)

Dis-moi, O Fleur de mon cœur, quelle est cette eau
qui humecte Tes yeux ? S'agit-il de larmes de douleur
ou de larmes de joie ? Est-ce du miel
ou s'agit-il du pur suc de l'amour ?

anubhūtikaḷuṭe madhura smṛtiyāl
ākatār tiṅgiyoramṛtō.. ?
paṛayū... nayanam nanayān chērnna...
vikāram... mānasamalarē... paṛayū... (hṛdaya)

Est-ce l'ambroisie qui suinte du doux souvenir
des expériences divines les plus belles ?
Dis-moi, O Fleur de mon cœur,
quelle émotion Te fait verser des larmes ?

āśa naśikkāykkil klēśa miyannīṭām
klēśa manas ennāl bāṣpa miyannīṭām
svātma vichārattāl svartthata pōyenennāl
ātmānandattil bāṣpa kaṇam tūkām (hṛdaya)

Si les désirs ne sont pas exaucés, il en résulte de la tristesse
et des pleurs. Mais la quête du Soi nous permet de déraciner
l'égoïsme ;
on peut alors pleurer de Béatitude, la pure Béatitude du Soi.

HRĪM KĀḶI

hrīm kāḷi mahākāḷi ammē amṛtānandamayī
bhavatāriṇī avatāriṇī
karuṇāmayī ānandamayī, ammē amṛtānandamayī

O Déesse Kali, Tu es le son « Hrim », grande Kali,
Mère Amritanandamayi, Toi qui nous fais traverser l'océan du devenir,
Mère Amritanandamayi, Incarnation de la béatitude et de la compassion.

ādiyil ennamma tāmara kaṇṇanāyu
pinne kāḷitan sākṣāt svarūpamāyu
kāḷi śāntamāyu laḷitāmbikayāyu
makkaḷkkammayāyu bhaktarkka bhayamāyu
dāsānu dāsiyāyu atikku guruvāyu
aṭiyaṇu sarvam nī ammē bhagavatī
karuṇāmayī ānandamayī, ammē amṛtānandamayī

Au début ma Mère m'apparaissait comme Celle aux yeux de lotus.
Puis elle est devenue Kali, Sa forme actuelle.
Ensuite, Kali est devenue paisible sous la forme
de Lalitambika, Mère de Ses enfants. Elle est
le Refuge des dévots, la Servante des serviteurs,
le guru des ascètes, pour les humbles comme moi
Elle est tout ce qui existe.O Mère Bhagavati,
miséricordieuse Amritanandamayi.

kaṇṇin ānandam nin kṛṣṇabhāvam
karaḷinu kuḷirēkum nin dēvi bhāvam
kaṇṇinum kannāya kaṇkandadēvatē
aṟiññum aṟiyāteyum cheyta pizhakaḷe
poṟuttu kāttukoḷkammē bhagavati
karuṇāmayī ānandamayī, ammē amṛtānandamayī

Il est merveilleux de Te voir sous l'aspect de Krishna ;
sous l'aspect de Dévi, Tu apaises les cœurs, O Déesse
qui prend une forme visible, Toi qui es l'œil de mes yeux.
Pour tout le mal que je fais, consciemment ou inconsciemment,
pardonne-moi et protège-moi, O Mère Bhagavati, Amritananda-mayi.

ICHCHĀMĀYI

ichchāmayiyām nin ichcha polallayō
viśvattil entum naṭappatammē
nī cheyyum karmangaḷ ōrōnnum mānuṣar
tān cheyvatennu tān ōrkkayallō

O Mère, Toi qui es volition, tout ici bas se meut
selon Ta volonté. En vérité, c'est Toi qui accomplis
toute action, mais les êtres humains,bien à tort,
s'imaginent que ce sont eux qui agissent.

ānaye cērtannil magnam ākkunnatum
tāne naṭappatum nī tānallō
nin kṛpa undenkil ētu mūṭantanum
van mala kēṛān viṣamam undō

C'est Toi qui fais et qui défais, c'est Toi aussi qui poses
le voile de l'ignorance et qui l'ôtes. Avec Ta grâce,
un boiteux peut sans mal escalader une montagne.

(brahmapadam chilarkkēkiṭum amma tān
chummā chilare valiccheṛiyum)
ñān antram nī antri ñān ratham nī rathi
ñān gṛham nī gṛhan āyikayum

Mère accorde à certains l'état ultime d'union avec Brahman,
et précipite d'autres dans les ténèbres. Je suis la machine
et Tu es l'opérateur. Je suis le chariot et Tu es le conducteur ;

je suis la maison, Tu es le Maître.

evvaṇṇam amma enne kondu cheyyikkum
āvvidham ellām ñān cheyvu tāyē
ichchāmayi yām nin ichcha pōlallayō
viśvattil entum naṭappatammē

Quoi que Tu souhaites que je fasse, je le ferai.
L'univers entier se meut selon Ta volonté,
O Toi dont la nature est volition.

IṬAMILLĀ

iṭamillātalayunna vazhipōkkanāyi - ammē
śaraṇārttham aṇayunna vazhikāṭṭiṭū
nilayillā tozhukunna nadi tannilalayāte
karayettān utakunna gatiyēkiṭū (iṭamillā)

Je suis un vagabond sans âtre, ni foyer.
O Mère, donne-moi refuge et guide-moi vers Toi !
Ne me laisse pas m'enfoncer dans les eaux profondes.
Tends-moi la main pour me hisser au rivage !

chitatannil eriyunna ghṛtam ennapōl - manam
eriyunnu piṭayunnu bhuvitannilāyi
chiṛakatta paṛavaykku nilamundukēḷ - ī
manujannor avalambam iniyārammā ? (iṭamillā)

Comme le beurre sur le feu, mon mental est brûlé en ce monde.
Un oiseau peut au moins tomber à terre, mais pour un être humain,
qui sinon Toi est le support ?

tirupādamalar tannil amarnnīṭuvān -ammē
kotivanna'taha'm ennu karutāvatō/karutiṭumo ?
mama mātā tiru nāmam oru nēramen
akamēninnutirnnāl nī veṭiyāvatō ? (iṭamillā)

Désirant accéder à Tes pieds de lotus, O Mère,
je croyais qu'en appelant Ton nom une seule fois,
Tu n'oublierais pas cet enfant innocent.
Etait-ce faux ? Je ne sais pas, O Mère !

iniyennu tarum ninte padadarśanam - ammē
atināyinnaṭiyente manam ēkuvēn
avakāśamatinillē bhuvanēśvarī! en
akatāril iniyennu prabhatūkiṭum ? (iṭamillā)

Quand me béniras-Tu de la vision de Tes pieds
que j'ai tant soif d'obtenir ? O Mère de l'univers
est-ce que je ne mérite pas au moins cela ? Quand, dis-moi,
quand viendras-Tu illuminer mon cœur de Ta Présence?

ĪNĪ ORU JANMAM

ini oru janmam ivanē/ivalke kolā... kṛṣṇā...
mati mōha cheḷiyil kāliṭaṛi vīzhum
ēkukil tava bhakta dāsānu dāsanāyi/dāsiyai
kazhiyuvān ivan/ival ennum varamēkaṇam! (ini)

O Krishna, ne me donne pas de nouvelle naissance de crainte que
je ne tombe dans le bourbier de l'illusion. Mais si Tu m'en donnes
une, fais-moi renaître comme le serviteur de Tes serviteurs.

tirunāmam manassinnu taṛavākaṇam.... kṛṣṇā
tava pāda mālarennum teḷivākaṇam
sakalavum bhagavānte pratibhayāyi tōnnaṇam
samanilayavirāmam uṛavākaṇam!

O Krishna, que mon mental tout entier reflète Ton saint nom. Que Tes pieds de lotus lumineux s'y révèlent. Garde mon mental dans l'équanimité, que toute chose apparaisse comme Ta manifestation.

kṛṣṇā... karuṇānidhē....
tozhunnēn ivan/ival.... kaitozhunnēn (ini)

O Krishna... Trésor de Compassion...
Je Te salue les mains jointes... Humblement je Te salue.

avaniyil upakāra pradamākaṇam - janmam
avināśa sukhadāna gatiyākaṇam;
anumati atināyi tarumeṅkil anavadhi -
nara janmam iniyum nī ivanu/ivalku nalkū!
kṛṣṇā... karuṇānidhē....
tozhunnēn ivan/ival.... kaitozhunnēn (ini)

Si je prends une nouvelle naissance, qu'elle soit bénéfique
au monde entier en donnant aux autres la joie impérissable.
Si Tu m'accordes cela, donne-moi n'importe quel nombre
de naissances humaines. O Krishna... Trésor de compassion...
Je Te salue les mains jointes... Humblement je Te salue.

ĪŚVARĪ JAGADĪŚVARĪ

īśvarī jagadīśvarī
paripālakī karuṇākarī
śāśvata mukti dāyakī mama
khēdamokke ozhikkaṇṇē

O Déesse, Déesse de l'univers, Toi qui protèges,
Toi qui donnes la grâce et l'éternelle libération,
délivre-moi de la douleur.

klēśa sampūrṇṇamākumī lōka
jīvita sukham kandu ñān
agniyil salabhangaḷ vīzhvatu
pōleyākki valayikkallē

J'ai vu les plaisirs de ce monde causer
tant de douleur. Ne me fais pas souffrir
comme le papillon de nuit qui tombe dans le feu.

āśa pāśatte munnil nirttiyum
kālapāśatte pinnilum
iṭṭu korttu kaḷippikkunnatu
kaṣṭam allayō mātāvē

Le nœud coulant du désir m'a lié par devant et celui
de la mort m'a lié par derrière. Quel dommage,
O Mère, que de jouer à les nouer ensemble !

innu kaṇmatu nāḷe illahō
chinmayī ninte līlakaḷ
uḷḷa tinnoru nāśamē illa
nāśa muḷḷata naśvaram

Ce que l'on voit aujourd'hui, demain
ne sera plus. O Conscience pure, tel est Ton jeu.
La Réalité ne connaît pas la destruction.
Tout ce qui est destructible est éphémère.

mōśamām vazhi kāṭṭiṭātennil
śāśvatē kaniyēṇamē
klēśa nāśini śōkabhārama
katti ṭeṇamē mātāvē

Ne m'indique pas un mauvais chemin, O Toi
l'Eternelle, répands Ta Grâce sur moi.
O Mère, Toi qui détruis le malheur,
soulage-moi du poids de la douleur.

marttya janma phalam varuttuvān
lōkamātāvē kaitozhām
lōkanāyakī sarva rūpiṇi
kumpiṭunnu ñān nin pādam

O Mère du monde, pour obtenir le fruit
de la vie humaine, je Te prie les mains jointes.
O Déesse du monde, Essence de toute chose,
je me prosterne à Tes pieds.

JAGADĪŚVARI DAYĀ KARŌ

jagadīśvarī dayā karō mā
śivaśankarī kṛpā karō mā
sarvēśvarī rakṣā karō mā
bhuvanēśvarī dayā karō mā
śivaśankarī kṛpā karō mā

O Déesse de l'Univers, accorde-nous Ta miséricorde...
Toi qui es propice, confère-moi Ta grâce...
O Déesse de Toute chose, protège-nous...
O Déesse de la Terre, accorde-nous Ta miséricorde ...

JAI AMBĒ

jai ambē jagadambē
mātā bhavānī jai ambē

Je Te salue, Mère du monde !
Je Te salue, Mère Bhavani !

duḥkha vināśini durga jai jai
kāla vināśini kāḷi jai jai

Je Te salue Durga, Toi qui détruis la douleur !
Je Te salue, Kali, Toi qui détruis la Mort !

umā ramā brahmānī jai jai
rādhā rukminī sītā jai jai

Je Vous salue Parvati, Lakshmi et Sarasvati !
Je Vous salue Radha, Rukmini et Sita !

JAI JAI JAI GAṆA NĀYAKA

jai jai jai gaṇa nāyaka
jai jai jai vigna vināśaka
he śubha māngala dāyaka
vidyā buddhi pradāyaka
gajavadana gauri nandana
gangādhara śiva śambō nandana

Gloire aux serviteurs du Seigneur Shiva !
Gloire à Celui qui détruit les obstacles !
Toi qui donnes ce qui est propice, Tu accordes la Connaissance et l'intellect subtil.
Gloire à Celui qui a une tête d'éléphant !
Gloire au Fils de Shiva et de Parvati !

JAI JAI RĀMAKṚṢṆA

jai jai rāmakṛṣṇa harē
jai jai rāmakṛṣṇa harē

daśaratha nandana rāma namō
vasudēva nandana kṛṣṇa namō

Je Te salue Rama, Fils de Dasaratha,
Je Te salue Krishna, Fils de Vasudeva.

kausalya tanayā rāma namō
dēvaki nandana kṛṣṇa namō

Je Te salue Rama, Fils de Kausalya,
Je Te salue Krishna, Fils de Dévaki.

ayōdhya vāśi rāma namō
dvāraka vāśī kṛṣṇa namō

Je Te salue Rama, Toi qui demeures à Ayodhya,
Je Te salue Krishna, Toi qui demeures à Dvaraka

sītā vallabha rāma namō
rādhā vallabha kṛṣṇa namō

Je Te salue Rama, Seigneur de Sita,
Je Te salue Krishna, Seigneur de Radha.

rāvaṇa marddana rāma namō
kamsa niṣūdana (vimardana) kṛṣṇa namō

Je Te salue Rama, Toi qui as tué Ravana,
Je Te salue Krishna, Toi qui as tué Kamsa.

JAI RĀDHĀ MĀDHAVA

jai rādhā mādhava jai kuñja vihārī
jai gōpī jana vallabha jai girivara dhārī
yaśōda nandana vraja jana ranjana
murali manohara karuna sagara

yamunā tīra vanachārī
harē rāma harē rāma
rāma rāma harē harē
harē kṛṣṇa harē kṛṣṇa
kṛṣṇa kṛṣṇa harē harē

kuñjavihāri	Celui qui joue dans le bosquet
gopījana vallabha	Bien-aimé des Gopis
girivaradhāri	Celui qui tient la montagne Govardhana sur sa main
yaśōda nandana	Fils de Yashoda
vrajajana ranjana	Bonheur des habitants du Vraj
yamunā tīra vanachārī	Celui qui marche dans la forêt le long des rives du fleuve Yamuna

JAYA JAYA ĀRATI

jaya jaya ārati rāma tumāri
pīta vasana vayi jayanti mālā
śyāma bharana tanu nayano visāla

Gloire ! Gloire ! A Toi offrons la flamme propice,
O Rama. Vêtu de jaune, Tu portes une guirlande
de fleurs sauvages, Tu as de grands yeux et le teint sombre.

pīta makutā kasa saranga sohe
sīta rāmani rēkha mana mōhe
nārada śārada mangala gāve
hari hari hē guṇa rāja gabhīra

Tout en Toi brille, Ta couronne d'or, Ton arc et sa corde.
Charmante est la forme magnifique de Sita. Le sage Narada
et la Déesse Sarasvati chantent des hymnes propices.
Le Seigneur Hari est un roi plein de vertu et de majesté.

satrugna o jaya lakṣmana bhārata
ārati karu kausalya mātā
sammukha charana sakhe hanuvīra
hari hari hē guṇa rāja gambhīra
śri rāma jaya rāma jaya jaya rāma
jagadāti rāma jagatēka rāma jānaki rāma

Nous faisons l'arati pour Satrugna, Lakshmana, Bharata
et Mère Kausakya. Très cher ami Hanuman,
Tu demeures aux pieds de Rama.
Le Seigneur Hari est un roi plein de vertu et de majesté.
Gloire à Sri Rama ! Il est suprême ! Lui seul EST !

JAYA JAYA DĒVĪ

jaya jaya dēvī dayāmayi ambē
karuṇārṇṇava sudhayaruḷuka ambē
arumaṛa ōtuka aṭiyaṅgaḷkkāyi
amṛtānandamayī mama... dēvī

Gloire ! Gloire à la Mère pleine de bonté. O Mère,
donne-nous la Béatitude de cet océan de compassion qui est le
Tien. Révèle le Véda à Tes dévots, O ma Déesse Amritanandamayi.

anavaratam tava charaṇa smaraṇam
bhavabhaya haraṇam pāpa vināśam
avikala dharma parāyaṇi śubhadē
amṛtānandamayī mama dēvi

Garder le souvenir constant de Ton visage de lotus
efface le péché et chasse la peur du devenir.
Unie au pur dharma, Tu apportes d'heureux auspices,
O ma Déesse Amritanandamayi.

naśvara lōka sukhaṅgaḷ tyajikkyān
niśchaya dārḍhyamoṭaruḷun ambē
viśva vidhāyaki vimala svarūpē
amṛtānandamayī mama dēvi

O Mère qui nous dit de renoncer au confort matériel,
Créatrice de l'univers, Toi dont la nature est pureté,
O ma Déesse Amritanandamayi.

bhaktajanārchita pāvani mahitē
śuddha manōhara susmita vadanē
śakti ezhātta mahatvapadattil
varttikkum amṛtānandamayī!

O grande Sainte adorée par Tes dévots
Ton sourire est pur et enchanteur !
Tu résides dans l'état suprême, que le désir
ne peut souiller, O Amritanandamayi.

śōkāmayamiha dūre akattān
śāradayāyi jani ārnnavaḷō nī
śōbhikkum hṛdayaṅgalil nityam
amṛtānandamayī tava charaṇam

Pour nous délivrer de ce monde de souffrance,
Tu as pris naissance en tant que Déesse de la Sagesse,
O Amritanandamayi, Toi dont les pieds illuminent nos cœurs.

patitarkkāyi nī janma meṭuttu
parahitamē nin pāvana lakṣyam
nararūpam sachinmaya rūpam!
amṛtānandamayī mama dēvī

Tu as pris naissance pour le bonheur de ceux qui souffrent.
Ton saint but étant de donner le bien-être aux autres,
Tu as pris une forme humaine, Toi qui es pure Conscience,
O ma Déesse Amritanandamayi.

ātma viśuddhikkāyi tava makkaḷk
ātmānātma vivēchanamaruḷum
svātman imuṅgi ozhukkum tava mṛdu-
vākyam tān amṛtānandam

Pour purifier le mental, Tu fais jaillir le discernement entre le Soi et le non-Soi. Toi qui es unie à l'Atman, de douces paroles s'écoulent de Tes lèvres comme un flot d'ambroisie.

JAYA ŌM ŚRĪ MĀTĀ

jaya ōm śrī mātā.... mātā
jaya jaya jaganmātā
jaya ōm śrī mātā.... mātā
jaya jaya jaganmātā
jaya śiva ramaṇi guru guha jananī
jaya vanamana hariṇī

Gloire à la Mère, gloire à la Mère du monde ! Gloire à cette femme magnifique, parèdre de Shiva, Mère du Seigneur Subrahmanya. Gloire à celle qui détruit la jungle du mental !

JAYA RĀMA JĀNAKI RĀMA

jaya rāma jānaki rāma
jaya rāma sītā rāma
jaya rāma śrī raghu rāma
jaya rāma sītā rāma
jaya rāma sīta rāma
jaya rāma rāma rāma

KAITOZHUNNEN KṚṢṆA

kaitozhunnēn kṛṣṇā kāruṇya vāridhē
kaitavam ellām akattiṭanē.. ..
kandīṭuvān kṛpa ēkuka kṛṣṇā
kañjadaḷāyata lōchananē.. (kai)

O Krishna, Océan de Compassion, je Te salue
les mains jointes. Chasse toutes mes peines
et donne-moi la bénédiction de Ta vision,
Toi dont les yeux évoquent les pétales du lotus.

kāyāmbū maṇi varṇṇa kōmaḷa śri kṛṣṇa
kāḷunnen mānasam dēvā
vārija nētrā nī pōruvānentitra
tāmasamēṟunnu dēvā (kai)

O Krishna au teint sombre, Tu as le charme du lotus bleu. Seigneur, mon mental est en feu. Toi dont les yeux ont la beauté des pétales de lotus, pourquoi tardes-Tu à venir ?

mōham vaḷarunnu mōhana rūpā nin
śōbhana gānam nukarnnīṭuvān
neñchakam tingunna sañchitabhāram ā-
sundara rāgattil chērttiṭaṭṭē.. .. (kai)

Toi qui es charmant, laisse-moi savourer Tes chants si joyeux ! Que ces merveilleuses mélodies dissipent
tous les fardeaux dont je ne puis supporter le poids !

KĀLIṆA KĀṆĀN (NĀRĀYAṆĀ HARĒ)

nārāyaṇā harē nārāyaṇā harē
nārāyaṇā harē nārāyaṇā
nārāyaṇā nārāyaṇā śrī vāsudēvā murārē
śrī vāsudēvā murārē

kāliṇa kāṇānen kaṇṇu kaḷāhanta -
kāḷunnu kāyāmbū varṇṇā
kālikaḷoṭum kuzhal viḷiyōṭum nī
ōṭi vā tāmara kaṇṇā... ōṭi vā tāmara kaṇṇā

O Krishna au teint sombre, mes yeux brûlent, tant j'aspire à la vision de Tes pieds. Viens, O Krishna aux yeux de lotus, précédé des vaches de Vrindavan et de la mélodie de Ta flûte.

veṇṇayum pālum tarānilla ñān kuṛe
vēdanakaḷ kāzhchavaykkām
kaṇṇīr kaṇṇaṅgalām muttukaḷ ñān ente
kaṇṇā nin kālkkalarppikkām

Je n'ai ni lait ni beurre à T'offrir, rien qu'un peu de ma douleur ;
je déposerai à Tes pieds les perles de mes pleurs.

etra nāḷāyi viḷikkunnu ñān nina-
kkittiriyum kanivillē
itramēlentu pizhachu ñān ayyō nī
bhaktajana priyanallē...

Il y a si longtemps que je T'appelle, n'as-Tu pas
un peu de compassion pour moi ?
Quelle faute grave ai-je donc commise ?
N'es-Tu pas l'Amant de Tes dévots ?

kēṇu kēṇayyō ñān vīṇiṭum mumbē nī
veṇu vumāyiṅgu vā vā
kēvala nām ninne kāṇāte vāzhuvān
āvatillayyō nī vā vā ...

Avant que je m'effondre en pleurant,
viens avec Ta flûte ; je ne peux plus vivre
sans Te voir, Toi, la seule Réalité, viens, viens.

pīlikaḷ chūṭiya kār kūntal keṭṭumā -
kōmaḷappon chāntu poṭṭum
chēlezhum tū maññappaṭṭum enikkonnu
kāṇuvān ennini kiṭṭum

Quand Te verrai-je enfin, Krishna, avec la plume de paon
qui orne Tes cheveux, le joli point sur Ton front
et Tes beaux habits de soie ?

kāraṇa pūruṣa kāmitadāyakā
kāyāmbū varṇṇā nī vā vā
kālam kaḷayāte khēdam vaḷarttāte
kāruṇya mūrttē nī vā vā

Krishna, Cause de tout ce qui existe, Toi qui exauces les désirs,
Enfant au teint sombre, viens, viens vite, ne tarde plus,
ne laisse pas grandir encore ma douleur,
Incarnation de la compassion, viens, viens.

KĀMĒŚA VĀMĀKṢI KĀMADĒ

kāmēśa vāmākṣi kāmadē
kāttaruḷī ṭēṇam ñangaḷē
śaktī mahādevī... bhakti gamyē namaskāram
vittē eka sattē pūrṇṇa chittē namaskāram

Je Te salue Shakti, Energie divine, grande Déesse,
que l'on peut atteindre grâce à la dévotion.
Je Te salue, Toi la Semence, Toi l'unique Vérité,
Toi la Présence parfaite et infinie.

kāmeśa vāmākṣi kāmadē
kāttaruḷī ṭēṇam ñangaḷē
sarva charācharattil viḷangumen
sarveśvarī kamalē (kāmēśa)

Protège-nous, O Toi l'œil gauche du Seigneur Shiva,
Toi qui réalises tous les désirs ! Toi qui brilles
dans tous les objets, animés et inanimés,
O ma Kamala (*lotus*), Souveraine de l'univers !

viṇṇavar nātha āyiyamararkku
daṇḍamozhikkumammē
pālāzhi nātha nēyum pālikkunna
pāvanī patmasthitē! (kāmēśa)

Déesse des êtres célestes, protège-les de la douleur !
Tu es l'Un pur, Tu protèges même le Seigneur
de l'Océan de Lait (*Vishnu*) !

apparamēṣṭi kṛtyam vahippatum
viṣṭapē nin kaṭākṣam
brahmāṇḍa bījakartrē namām aham
brāhmī sarasvatiyē (kāmēśa)

Grâce à Ton regard, le Créateur accomplit Son œuvre.
Je Te salue, Toi qui as surgi de Brahma (le Créateur)
sous la forme de Sarasvati, Graine contenant l'univers.

sṛṣṭi sthiti vināśājñyākari
aṣṭāhamkāra nāśē
vīṇanāda priyaykkō niṇam
priyam krōdham varunnēram (kāmēśa)

Le monde est créé, préservé et détruit selon Ta volonté,
O Toi qui détruis l'ego à huit faces. Celle qui aime le son
de la *vina* (luth indien) aime également le sang
lorsqu'Elle est en colère.

vēdavum brahmavum nī... ellājīvanum
mōkṣavum nī... (kāmēśa)

Tu es le Véda, l'Absolu, tous les êtres vivants
et aussi la Libération.

KANIVIN PORUḶĒ

kanivin poruḷē karuṇā māyanē
kṛṣṇā abhayamēkū kṛṣṇā abhayamekū

O Essence de la miséricorde, Toi qui es compatissant,
O Krishna donne-moi refuge.

urukīyozhukumī kaṇṇīr kaṇangaḷ tan
katha aṛiyunnillē kṛṣṇā katha aṛiyunillē ?
kāḷiya sarppatte meticcha nin pādattil
pūviṭām pūjikkām śrī kṛṣṇā (kanivin)

O Krishna, ignores-Tu ces chaudes larmes qui coulent,
Coulent sans fin ? Tout en couvrant de fleurs
Tes pieds qui ont écrasé le serpent Kaliya,
je T'adore, O Krishna, je T'adore.

duṣṭa samhāra mūrttē kumārāka
śiṣṭaroṭalpavum karuṇa illē ?
pālkkaṭal varṇṇā nin pādāravindattil
pūviṭām pūjikkām śrī kṛṣṇā (kanivin)

Incarnation de Celui qui détruit les êtres malveillants,
n'as-Tu pas pitié de Tes dévots ?
O Toi qui as la couleur de l'océan de lait, O Krishna,
j'adore Tes pieds de lotus en les couvrant de fleurs.

matsya kūrmma varāhavum nī tanne
narasimha vāmana bhārgavanum
śrī rāma kalkki janārdananum nīyē
lōkaika nāthā śrī kṛṣṇā... (kanivin)

Matsya, Kurma et Varaha tout comme Narasimha,
Vamana et Bhargava ne sont autres que Toi.
Tu es le Seigneur Rama, Kalki et Janardhana,
O Seigneur Krishna, Seigneur de tout l'univers.

kurukṣētrattil pārtthasārathiyāyi vannu
satyavum dharmavum kāttavanē
satyavum dharmavum pālikkum īsvarā
ñangaḷ ōṭittiri karuṇa kāṭṭū (kanivin)

Toi qui fus le conducteur du char d'Arjuna à Kurukshetra,
Tu as protégé la vérité et la justice.
O Seigneur qui préserve la vérité et la justice,
montre un peu de compassion envers nous.

gītā nāyakā sangīta priyanē
nin gītam chollān karuttu nalkū
uḷḷindeyuḷḷil ninnuruviṭum nin nāmam
kēḷkkunillē nī bhajana priyā (kanivin)

O Seigneur de la Gita, adorateur de la musique,
donne-nous la capacité de chanter Tes louanges.
O Toi qui aimes les chants dévotionnels, n'entends-tu pas
Tes Noms sacrés qui jaillissent du plus profond du cœur?

KAṆṆAṬACHĀLUM

kaṇṇaṭachālum tuṛannālum ennaka
kkaṇṇil uṇḍeppōzhum ente amma

Qu'ils soient ouverts ou fermés, Mère réside en mes yeux.

kāruṇyapūram churattum kaṭākṣamōṭāreyum
vārippuṇarnnu gāḍham
snēhābhiṣēkattalātmā valiyikkumāhlāda
sindhuvāṇ ente amma!

Avec des regards rayonnants de compassion,
Elle nous étreint tous. Elle qui fait fondre les cœurs
par une pluie d'amour, ma Mère en vérité
est un Océan de joie.

taskkaran ākaṭṭe, muṣkkaran ākaṭṭe,
tan munnil ammaykkaruma makkaḷ
nindikkilum abhivandikkilum prēma-
niṣyandiyāṇennum enteyamma!

Pour Mère, même un voleur ou un tyran est son enfant chéri.
Qu'on la dénigre ou qu'on l'adore,
Mère nous envoie toujours le torrent de Son Amour.

chetta māṭatteyum viśvēśa śaktitan
tīṭṭūramēki anūgrahikkān.
vyāsante maṇṇin undinnum karuttenna
vāstava mudrayāṇ ente amma!

Dans une humble hutte s'est manifestée
l'Energie sous-jacente à l'univers entier.
Mère descend de la lignée du grand sage Vyasa.

jātikkuśumbinte nāṭānu; jātiye
pūjicchu pūjicchu muḷḷuvāri
innumā muḷḷil madikkunna jātiye
vellunna snēhamāṇ ente amma!

L'amour de ma Mère transcende même l'épais
fourré de ronces que constitue le système des castes,
révéré depuis des siècles dans ce pays,
malgré les rivalités qui en résultent.

kaṇṇine kāṇuvānāvilla kaṇṇinākaṇṇin
pratichchāya tanne kāṇām
daivattekkāṇuvānākātta kaṇṇinum
daivattin chchāyayāṇ ente amma.

Les yeux ne peuvent se regarder eux-mêmes
ils ne peuvent voir que leur reflet.
Ainsi, nous ne pouvons pas voir Dieu,
Mais nous pouvons voir Mère, l'Image de Dieu.

nāvinē mādhuriyōran kazhivuḷḷu
nāvinum dōṣa nirmmukti vēṇam
īśvara prēmam nukarnniṭan indriya
mēzhāmatuṇḍatāṇu ente amma

Même si la langue aime le goût du sucre, ce sens
n'est pas parfait. La parfaite douceur est l'Amour de Dieu
et le sens pour en jouir n'est obtenu qu'à travers Mère.

indriyaya vēndyayā, mamma, yallamma,
yuḷkaṇṇinum kaṇṇāyate ente amma
kaṇṇaṭachālum tuṛannālum ennaka
kkaṇṇil uṇḍeppōzhum ente amma

Nous percevons Mère avec les sens (*les yeux*),
mais Mère n'est pas ce qu'ils nous montrent.
Ma Mère est l'Œil de l'œil intérieur.
Qu'ils soient ouverts ou fermés,
Mère réside en mes yeux.

KAṆṆANE KĀṆĀN

kaṇṇane kāṇān uḷkkaṇṇeku nī kaṇṇā
maṇṇilum viṇṇinum kaṇṇāya nī
veṇṇil āvōlunna puñjiri pūnda nin
ponmukham kāṇuvān kaṇṇēku nī (kaṇṇane)

O Kanna, donne-moi la vue intérieure. O Kanna, Toi
l'œil de la terre et du ciel, accorde-moi la vision intérieure,
afin que je voie Ton visage, qu'illumine un sourire
plus beau que le clair de lune.

kandillayō ente saṅkaṭa minnu nī
mindillayō kaṇṇā ennōṭonnum
kandīṭuvān karaḷ nontiṭunnen kaṇṇā
kandillayō iniyum... (kaṇṇane)

N'as-Tu pas vu aujourd'hui ma douleur ? O Kanna,
ne veux-Tu rien me dire ? O Kanna, mon cœur Te réclame
et brûle de Te voir. Ne m'as-Tu pas remarquée ?

engum niṛañña nī ingillayō, ñān
onnum tiriyātta kuññallayō
ingu nī pōrumō mangumen mānasē
tingunna śōkam keṭān... (kaṇṇane)

O Toi, l'Omniprésent, n'es-Tu pas ici ? Ne suis-je pas
une enfant totalement ignorante ? Pourquoi ne viens-Tu pas
mettre fin au chagrin qui m'afflige ?

KAṆṆĀ NĪ ENNE

kaṇṇā nī enne maṛannuvō ? - mukil
vaṛṇṇa nī enne maṛannuvō ?
deṇṇam perukunnu kaṇṇane kānān-
onnum tiriyāttoren hṛdi (kaṇṇā nī)

O Krishna, m'as-Tu oubliée ? Toi qui as la couleur
d'un nuage d'orage, m'as-Tu oubliée ? Si je ne puis Te voir,
ma souffrance augmente et mon cœur ne peut plus rien comprendre.

engō maṛaññu kaḷaññatō -kaṇṇan
enne veṭiññu naṭaññatō ?
kaṇṇīr kaṭa lileyk enne nī kaṇṇā
mungā nayacchu maṛaññatō ? (kaṇṇā nī)

Où as-Tu disparu ? O Krishna, es-Tu parti
en m'abandonnant ? O Krishna, veux-Tu
que je me noie dans un océan de larmes ?

nin pāda dāsanāyi/dāsiyāi ninnu ñān- dinam-
eṇṇi kazhiññu dayā nidhē!
kaṇṇā nī en mana mandirē varān-
entēya māntam kṛpā nidhē ? (kaṇṇā nī)

O Bienheureux, je suis restée à Tes pieds, Ton humble servante,
en comptant les jours. O Krishna, Trésor de compassion,
pourquoi tardes-Tu à venir dans le temple de mon cœur ?

KAṆṆANTE KĀLOCCHA

kaṇṇante kāloccha kēṭṭū annoru
veḷḷi nilāvuḷḷa rāvil

On entendit les pas de Kanna (*Krishna*)
lors d'une nuit de lune argentée.

pullāṅkuzhal viḷi kēṭṭū, enmanam
taṅkakki nāvil layicchu...

En entendant l'appel de la flûte,
mon mental se perdit dans un rêve doré.

ī veṇṇilāvinte tū veṇmayil pūtta
hēmanta saugandha mē... kaṇṇā
tēn tūkūmā mandahāsattilen manam
sānandamāyi lasippū... kaṇṇā (kaṇṇante)

Devant ce clair de lune pur et lumineux,
O Fragrance de l'hiver, en voyant ce sourire de miel,
mon mental rayonne de félicité, O Kanna.

undanēkam katha chollān enikkante-
kaṇṇā nī pōkarutē...kaṇṇā
en matiyil uḷḷorunmādappoykayil
vannu nīrāṭi nilkkū - kaṇṇā... (kaṇṇante)

J'ai d'innombrables histoires à raconter. Kanna, je T'en prie, ne pars pas ! Viens Te baigner dans le lac de Béatitude qu'est devenu mon mental.

KAṆṆILEṄKILUM

kaṇṇileṅkilum karaḷin kaṇṇināl
kaṇṇane ñān innu kandu - ente
rādhā ramaṇane kandū - ente
rādhā ramaṇane kandū...

Aujourd'hui j'ai vu mon Krishna adoré, le Bien-aimé de Radha, non pas avec mes yeux de chair mais avec l'œil intérieur !

saṅkalpa chōrane saundarya rūpane
sangīta kārane kandū - ente
sāyūjya nāthane kandū (kaṇṇileṅkilum)

J'ai vu Celui qui dérobe les cœurs, la Beauté incarnée, le divin Musicien. J'ai vu le Seigneur de l'état d'Unité.

nīlakkaṭal varṇṇa mundō - āvō
pīlicchuruḷ muṭi undō
ōṭakkuzhalinte nādattilūṭe ñān
kōmaḷa rūpane kandū... (kaṇṇileṅkilum)

Avait-Il la couleur bleue de l'océan ? Ses cheveux bouclés étaient-ils ornés d'une plume de paon ? Je ne saurais le dire, mais grâce au son de sa flûte, j'ai perçu sa forme gracieuse.

KAṆṆUNĪR ILLĀTTA

kaṇṇunīr illātta kaṇṇu kaleṅkilum
viṅgukayān ente mānasam - ammē...
onnum uruviṭātuḷḷa nāveṅkilum
tingu kayāṇu nin mantram ammē (kaṇṇu)

Bien que mes yeux soient secs, mon mental
est en proie à la douleur. Bien que ma bouche soit muette,
Ton mantra est sur ma langue.

kalpalatā vṛkṣa puṣpa daḷangaliḷ
chuttippaṭarnnu pōyi mānasam
attuvīzhttīṭuvān uttu nōkkunnitā
niṣṭhura māyā vilāsam (niṣādan) - ammē (kaṇṇu)

Arbre mystique, Toi qui exauces les désirs,
notre mental est toujours posé sur Tes fleurs.
O Mère, c'est Toi que je contemple pour obtenir
grâce à cet arbre le détachement.

ennātma mañchalil chandanam charttuvān
vanna sumaṅgalayallō - ammē
nin snēha chandrikā śītaḷachchāyayil
enne nī dhanyanākkū - ammē - enne... (kaṇṇu)

Le corps est l'enveloppe de notre Soi réel.
Toi qui donnes la fraîcheur du clair de lune,
comble-moi de Ton Amour !

KAṆṆUNĪRKONDU

kaṇṇunīrkondu nin pādam kazhukām
kātyāyanī nī kāiviṭalle...

Je veux laver Tes pieds de mes pleurs,
O Katyayani ne m'abandonne pas.

etra nāḷ vēṇam en ambikē
tvadrūpa darśanam ēkuvān...

Combien de jours sont-ils nécessaires,
O ma Mère, pour obtenir Ta Vision ?

kāmarāja priyē nin manaḥśailattil
kāruṇyam undō ? chollu chollu

N'y-a-t-il aucune bonté dans Ton cœur si dur,
dis-moi, O Bien-Aimée de Shiva ?

vijanamāmī vīthiyilūṭen
varadē teṭi alayunnu ñān

Sur ce triste chemin,
j'erre dans l'espoir de Te trouver.

kaṇṇunir vēṇam en kathayum vēṇam
kandurasikkān mātramallē...

Je veux des larmes, je veux mon histoire,
ce n'est pas uniquement pour jouir du spectacle.

oru chenniṛamalar appadataḷiril
arppikkuvān nī anuvadikkū

Me permettras-Tu de déposer à Tes pieds
l'offrande d'une fleur rouge ?

avadhikaḷ kēṭṭente ātmāvu
āśvasikkunnu nin māyayāl

Même si Tu tardes à m'accorder ce que je veux,
à cause de Ta Maya, mon mental est comblé.

kāmarāja priyē! nin manaḥśailattil
kāruṇyam undō chollu chollu!

N'y-a-t-il aucune bonté dans Ton cœur si dur,
dis-moi, O Bien-aimée de Shiva ?

KARĀRAVINDĒNA

karāravindēna padāravindam
mukhāra vindē vini vēśayantam
vaṭasya patrasya puṭē śayānam
bālam mukundam manasā smarāmi

samhṛtya lōkān vaṭapatra madhyē
śayāna mādyanta vihīnarūpam
sarvēśvaram sarva hitāvatār am
bālam mukundam manasā smarāmi

indīvara śyāmaḷa kōmaḷāngam
indrādi dēvārcchita pādapadmam
santāna kalpadrumamāśritānām
bālam mukundam manasā smarāmi

lambālakam lambita hārayaṣṭim
śṛngāra līlāṅkita dantapakaṅgtim
bimbādharam chāru viśāla nētram
bālam mukundam manasā smarāmi

śikyē nidhāyajya pyōdhīni
bahirgatāyām vrajanāyikāyām
bhuktvā yathēṣṭam kapaṭēna suptam
bālam mukundam manasa smarāmi

kāḷindajānta sthita kāḷiyasya
phaṇāgrarangē naṭana priyantam
tat puchcha hastam śaradinduvaktram
bālam mukundam manasā smarāmi

KARIMUKIL VARṆṆAN

karimukil varṇṇan vannallō
azhakēṟum nīlakkār varṇṇanallō
mandasmitam tūkum sundara rūpā nin
tiruvuṭal ñangaḷ onnu kandōṭṭe

Il est venu Kanna (Krishna), dont le teint sombre
a la couleur d'un nuage d'orage !
O Kanna au teint bleu sombre, Tu es si charmant.
O souriante Beauté, laisse-moi voir Ta forme sacrée.

śānti nāyakā mukil varṇṇā
śāntata ennil nīyēkītaṇē
gōpakumārakā gōkula nāthā
kālamāyille māla kattān

O Enfant au teint couleur de nuage,
je T'en prie, accorde la paix à mon âme.
Toi le petit pâtre, le Seigneur de Gokul,
n'est-il pas temps de dissiper ma douleur ?

dēvakī sūtanāyi piṟannōne
gōkula bālā śrī kṛṣṇā
duṣta samhārī siṣṭa samrakṣakā
nin pāda patmam namē namastē

O Krishna, Fils de Dévaki, Enfant de Gokul,
Tu détruis les êtres malveillants et sauves les justes,
je me prosterne à Tes pieds de lotus.

KARUNA NĪR KAṬALE

karuṇa nīr kaṭale nin gatimāṛi ozhukukil
śaraṇam vēriniyārammā... ammā
śaraṇam vēriniyārammā... ?

Océan de compassion, si Tu ne manifestes
envers moi aucune compassion,
qui donc me donnera refuge, O Mère ?

pativāyen hṛdayam nin varavum kāttirunniṭṭum
phalaminnum paritāpamō... ? ammā...
phalaminnum paritāpamō... ? (karuṇa)

Mon cœur bat en T'attendant. Ce jour passera-t-il
en vain, O Mère ? Ce jour passera-t-il en vain ?

unarvinte salilattāl tazhukiyen hṛdayattin
tanubhāva gati māttumō... ? ammā...
tanubhāva gati māttumō... ?
maṛakaḷkkum appuṛam maruvum nin mṛduhāsa-
prabhayilñān vilayīkkuvān...! ī...
narajanmam vijayikkuvān...! (karuṇa)

Une vie n'est féconde que par l'union avec la lumière
transcendante de Ton doux sourire. Afin que je puisse
réaliser cela, dissipe mon illusoire identification avec ce corps
et plonge-moi dans les eaux fraîches de l'éveil.

orunōkku kaṇikāṇān kazhiyāte kālattin
gatiyil ñān viramikkukil... ammā...
karuṇārasam nī vṛthāchumakkunnatāyi
karutumī janakōṭikaḷ... tammil -
paṛayumī janakōṭikaḷ (karuṇa)

Si avec le temps je meurs privé de Ta vision,O Mère miséricordieuse,
les générations futures en concluront que Ta compassion est vaine.

KARUṆĀLAYĒ DĒVI

karuṇālayē dēvi kāmita dāyinī
kārttyāyanī gaurī śāmbhavī śaṅkarī
karuṇālayē dēvī, dēvī (karuṇālayē)

O Déesse, demeure de la compassion,
Toi qui exauces nos désirs,
O Kartyayani, Gauri, Shambavi, Shankari...

ōmkāra poruḷē ammā...ammā...ammā
ōmkāra poruḷē nī
ōmkāra nāda priyē ōm śakti mantram kēṭṭāl...
ammā
ōm śakti mantram kēṭṭāl
ōṭiyettum mahāmāyē (karuṇālayē)

O Essence du Om, O Mère, Essence du Om,
Tu chéris le son Om, dès que Tu entends le mantra
« Om Shakti », Tu accours, O Maya cosmique
(*puissance d'illusion universelle*).

sṛṣṭi sthiti layam ellām nin cheytikaḷ
ellām nī ammā nī tanne ellām ellām
nī allātilla vēṟe agatikku gati ammā
ānandātmikē ammā...
ānandātmikē aruḷuka nalvaram (karuṇālayē)

La création, la préservation et la destruction de l'univers,
tout cela est Ton œuvre, O Mère. Tu es tout et tout est Toi.
Rien n'existe hormis Toi. O Mère, je T'implore,
Tu es mon seul soutien, O pure Béatitude du Soi,
accorde-moi Ta bénédiction.

KARUṆA TANKAṬAMIZHI

karuṇa tankaṭamizhi kaṭākṣam taraṇē
tarasā manassukham aṇayān
jananī! tava tṛikkazhalaṭiyaṭiyan
tozhutīṭunn akatāril! (karuṇa tan)

O Mère, lance-moi un regard de compassion
afin que mon mental soit pacifié !
J'adore Tes pieds saints dans la fleur
intérieure de mon cœur.

azhalalakaḷ paripūritamāṇen
akatāril pakaliravellām
avanīpati nī ivanil kaniyū
anutāpāpaha śubhadē! (karuṇa tan)

Jour et nuit des vagues de douleur s'élèvent
dans mon mental, prêtes à le submerger !
Souveraine de la terre, Destructrice de la douleur,
O Mère, Toi qui fais le bien, sois donc
miséricordieuse envers moi.

nalamoṭu tavapadamalaraṭi kandutozhāniṭa
taranē jananī
karuṇā mizhimunapatiyaṇam ivanil
paramānandam niṛayān (karuṇa tan)

Mère donne-moi la chance d'adorer Tes pieds
semblables à une fleur. Que Ton regard de compassion
tombe sur moi pour me remplir de béatitude.

dīnata pāram perukum manassil
prēmāmṛta kaṇam nī choriyū;
ānandakkuḷirāzhiyilen manam
nīntān nīrāṭītān... (karuṇa tan)

Sur mon pauvre mental désespéré, lance tendrement
quelques gouttes de nectar de Ton pur Amour.
Alors je pourrai plonger dans les eaux fraîches
de l'Océan de béatitude.

KĀRUṆYA MURTTĒ

kāruṇyamurttē kāyāmbūvarṇṇā
kaṇṇu tuṛanniṭanē...
duḥkhanivārakanallō nīyen
tāpamakattīṭaṇē..... tāpamakattīṭanē

Incarnation de la compassion, Krishna au teint sombre,
daigne ouvrir les yeux. N'es-Tu pas Celui qui détruit
la douleur ? Alors délivre-moi de ma souffrance !

ulakil āśrayam nīyē
chentāmara kaṇṇā maṇivarṇṇā
pūjaykkanudinam puṣpaṅgaḷ ente
kaṇṇunīrāṇu kṛṣṇā kaṇṇunīrāṇu kṛṣṇā... (kāruṇya)

En ce monde, Tu es le refuge, Toi dont les yeux
sont pareils aux pétales du lotus rouge, Krishna
si lumineux. Je T'adorerai éternellement
avec les fleurs de mes larmes, O Krishna.

iruḷil uzhalukayāyi ñān
mānasamōhana gōpālā
īrēzhulakilum niṛañña śrīdhara
kaṇṇu tuṛannīṭaṇē... tāpamakattīṭaṇē (kāruṇya)

O Gopala, j'erre dans les ténèbres. Toi qui enchantes
les cœurs et emplis les quatorze mondes, O Sridhara,
ouvre les yeux, délivre-moi de ma douleur.

KĀRUṆYA VĀRIDHE

kāruṇya vāridhē kṛṣṇā
nityam ēṛunnu jīvita tṛṣṇā
illā manassinu śānti- ayyō
vallāteyāyi vibhrānti

O Krishna, Océan de compassion,
la soif (*des plaisirs*) de la vie ne cesse de croître.
Le mental, hélas, est plongé dans la confusion,
il ne connaît pas la moindre paix !

tettukaḷellām poṛuttū - vannen
netti viyarppu tuṭaykku
kaṇṇā mattilli niyavalambam - ninte
padamalarchèvaâiyennum
Pardonne-moi toutes mes erreurs,
viens essuyer la sueur de mon front.
O Kanna, maintenant je n'ai d'autre support
que Tes pieds de lotus adorés.

tonda varaḷunnu kṛṣṇā
kaṇṇu randum pataṛunnu kṛṣṇā
pādangaḷ randum taḷarnnu - maṇṇil
vīṇu pōvunnu śri kṛṣṇā

O Krishna, ma gorge est sèche, ma vue faiblit,
mes pieds sont las, je m'effondre, O Krishna.

KASTŪRI TILAKAM

kastūri tilakam lalāṭa phalakē
vakṣa sthalē kaustubham - kṛṣṇā

Une marque de vermillon sur le front et le joyau Kaustubha sur la poitrine, qu'Il est magnifique, Krishna !

nāsāgrē nava mauktikam - kṛṣṇā
karatalē vēṇum karē kaṅkaṇam

Un anneau de perles au nez et des bracelets
tintinnabulants aux poignets, une flûte à la main,
qu'Il est magnifique, Krishna !

sarvāngē hari chandanam cha kalayam
kaṇṭhē cha muktāvali

Les membres parfumés de pâte de bois
de santal, un collier de perles au cou,
qu'Il est magnifique, Krishna !

gōpastrī pari vēṣṭitō vijayatē
gōpāla chūdāmaṇi - kṛṣṇā

Gloire à Krishna adoré par les vachères !
Gloire à Krishna, pur Joyau des vachers !

KĀTINNU KĀTĀYI

kātinnu kātāyi manassin manassāyi
kaṇṇinnu kaṇṇāyi vilasunnorammē
prāṇannu prāṇan nītanneyallō
jīvannu jīvan ninnuṇmayallō. (kātinnu kātāyi)

O Mère, Toi qui brilles comme l'Oreille de l'oreille,
comme le Mental du mental, comme l'Œil de l'œil,
Tu es le Prana du prana (*prana* est l'énergie vitale),
Tu es la Vie des vivants.

ātmāvin ātmāvalakaḷkkorāzhi
vidyāmṛtattin amṛtāyorammē
amṛtātmamuttē ānandasattē
śrī mahāmāyē brahmavum nīyē (kātinnu kātāyi)

Comme l'océan contient toutes les vagues, Tu es l'Âme
des âmes, le Nectar du nectar de la connaissance.
O Mère, Perle du Soi immortel, Essence de la béatitude,
Tu es la grande Illusion (*maya*) aussi bien que l'Absolu.

kaṇṇaṅgu pōkā manavum chalikkyā
vākkaṅgu mūkam ninmunnilammē
kandennu kandōn kandilla ninne
buddhikkyum mēle mēvum mahēśi (kātinnu kātāyi)

Les yeux ne peuvent T'atteindre ni l'intellect Te comprendre.
En Ta présence, les mots s'effacent. O Mère,
ceux qui disent T'avoir vue ne T'ont pas vraiment vue,
grande Déesse, Tu es au-delà de l'intellect.

sūryan jvalikkyā svayam chandratāram
ammē nin tējassilellām jvalikkyum
dhīran orāḷī vivēkātmabōdhāl
paramtatva viśrāntimārgam gamikkyum
(kātinnu kātāyi)

Si le Soleil, la Lune et les étoiles brillent, c'est qu'ils
reflètent Ta lumière. Seuls les êtres courageux
peuvent, grâce au discernement, avancer sur la voie
qui mène à la Paix éternelle, à la Réalité suprême.

KAṬUTTA ŚOKAMĀM

kaṭuttaśōkamām taṭattil āzhttiṭāte enne nī
paṭutvam illa bhāgya tāra kaṅgaḷ illa eṅkilum
kanattachinta ninnileykkuṟ achiṭunnatokkeyum
aṭuttu ninnaṟiññu puñchiricchu pōyiṭolle nī

O Mère, ne me laisse pas tomber dans le puits sombre et profond de la douleur. Je ne suis pas érudit, je ne suis pas né sous une étoile favorable. Bien que Tu saches tout cela, O Mère, lorsque toutes mes pensées sont concentrées sur Toi, ne me quitte pas, ne me laissant qu'un sourire.

japichu nin varēṇyamāya
vākkukaḷ viśuddhanāyi
tyajicchu sarva saukhyavum
sadā smaricchiṭunnu ñān
janiccha tettu tīruvān eṭutta janmamāni tenn-
uracchatokkeyōrttum āśvasicchiṭunnu śāradē!

J'ai renoncé à toute autre forme de bonheur, ne pensant plus qu'à Toi,
Incarnation de la pureté, j'ai chanté Tes noms qui transcendent tout.
O Mère éternellement propice, je me console en me rappelant Tes paroles : cette vie doit me servir à réparer toutes les erreurs commises
dans mes vies antérieures.

saubhāgattin mōdamattu ninneyuttu nōkkumen
tamassakatti buddhi suddhiyēkaṇē dayāmayī
samasta chintayantaraṅga sīmayil teḷikkanē
samasta lōkanāyikēmahatva śīladāyikē

Incarnation de la compassion, dissipe mon ignorance, accorde-moi la pure intelligence. Bien que je sois entouré

des plaisirs de ce monde, je n'y trouve pas le bonheur
et je ne fais que méditer sur Toi. O Souveraine de tous les mondes,
Toi qui accordes la grandeur, allume en moi la flamme de la vision équanime.

svanam maṟaññorā suṣupti viṭṭiṭum prabhāvamē
janam tiraññiṭunnu ninne viśvamāke ambikē
manam teḷiññu nōkkiyālakattu kandiṭunna nī
anugrahikkayenneyum sadāpi niṣṭha nākuvān

O Ambika, Tu transcendes même l'état de sommeil profond,
dans tout cet univers, c'est Toi seule que recherchent les êtres humains !
Un cœur pur peut obtenir Ta vision. O Mère, daigne me bénir,
afin que je sois établi dans cette Réalité suprême.

bhavāni, nī ninacchu vente
bhāvi kāryam okkeyum
bhayaśamātti ṭaneṭutta vaibhavangaḷ atbhutam
udāramāyi nayicchu mārga durghaṭangaḷ māttaṇē
dayāparē choriñña mōda muttukaḷkku vandanam

O Bhavani, Toi qui détermines mon avenir, stupéfiants sont les moyens
que Tu adoptes pour me délivrer de mes craintes et de mes espoirs.
O Mère, je T'en prie, guide-moi et dissipe tous les obstacles sur mon chemin.
Incarnation de la miséricorde, pour tous les moments de béatitude
que Tu m'as accordés, je me prosterne à Tes pieds.

padāmbujē paṟannaṇañña
bhṟngam ākum en manam
paṟanniṭā tirikkuvān daḷangaḷ kūṭiyāl mati
parāparē! sudhārasam nukarnnuṇarnniṭaṭṭe ñān
purā mozhiñña vēdasāra pūramē tozhunnitā

O Mère, le colibri de mon mental est venu voler à Tes pieds de lotus.
Maintenant, je T'en prie, referme Tes pétales pour le retenir.
O Mère suprême, laisse-moi plonger dans ce Nectar de béatitude.
Quintessence de tous les Védas, je me prosterne à Tes pieds.

kōpamākki ennilē kozhukkiṭunnu snēhavum
kaṭhōramāy oraṭṭa hāsam ennil susmitangaḷāyi
kinākkaḷ mithyayennatōrttu ñān karaññupōkavē
kṛpāmṛtam choriñña ninne vērpeṭilla niśchayam

Le flot de Ton amour coule vers moi sous l'aspect de la colère ;
à mes yeux, Ton rire terrifiant est un charmant sourire.
Ayant compris que le monde est semblable à un rêve, j'ai pris congé de lui.
Mais jamais je ne Te quitterai, Toi qui as répandu en moi le nectar de Ta grâce.

KĀYĀ PĪYA

kāyā pīya sukha se sōyā
na hakka janna magavāyya
kamala mukha rāma bhajana kōdiā

Nous mangeons, buvons et dormons à souhait,
Mais jamais nous ne chantons le visage de lotus de Rama.

jā mukha nīsādīna rāma nāma nahī
ō mukha katchu na kiyā
kamala mukha rāma bhajana kōdiā

Le nom de Rama n'est jamais sur nos lèvres.
O mes lèvres, pourquoi ne chantez-vous pas
le visage de lotus de Rama ?

laka chōrāsi tērē pīra dara
sundara tanu magavāyya
kamala mukha rāma bhajana kōdiā

Nos yeux ne voient pas la belle forme du Seigneur,
Et jamais nous ne chantons le visage de lotus de Rama

kaha ta kabīra suno bāyi sādhō
āya vaisā gayā
kamala mukha rāma bhajana kōdiā

Nous allons et venons mais jamais
nous ne chantons le visage de lotus de Rama.
Kabir dit : « O écoutez, frères sadhus,
chantez Rama au visage de lotus. »

KEZHUNNEN MĀNASAM AMMĀ

kēzhunnen mānasam ammā - kēlkkān
kātillē ninakkenammā - ammā
kezhunnen mānasam ammā

O Mère, mon cœur est en pleurs. O ma Mère,
n'as-Tu pas d'oreille pour l'entendre ?

piṭayum hṛdayavumāyi ninne tēṭi
nāṭāke alaññu ñān ammā
en munnil varuvān entini tāmasam
entiha ñān cheyvū ammā - ammā
entiha ñān cheyvū ammā...

Le cœur en peine j'ai parcouru tout le pays
à Ta recherche. Pourquoi tardes-Tu à venir ?
O Mère, que dois-je faire maintenant ?

aśaktanām ennōṭī alambhāvam kāṭṭuvān
aparādham ñān entu cheytu... ?
chūṭu kaṇṇīrāl ñān nin malaraṭikaḷ
kazhukīṭām ennennum ammā ammā
kazhukīṭām ennennum ammā

Quel péché a donc commis ce pauvre être désespéré
pour que Tu lui témoignes tant d'indifférence ?
O Mère, avec mes larmes je laverai
Tes pieds semblables à une fleur.

dussaha māmī prārabdha bhārattāl
kuzhayunnu ñān en ammā
taḷarumī aṭiyanu tāngu nalkīṭuvān
tāmasam arutē ammā - ammā
tāmasam arutē ammā - ammā

O Mère, je suis las de porter le lourd fardeau
de mes actions. O Mère, ne tarde plus
à donner refuge à Ton pauvre serviteur épuisé.

KEŚAVA NĀRĀYAṆA

kēśavā nārāyaṇā mādhavā gōvinda
viṣṇu madhusūdana trivikramā vāmana
śrīdhara hṛṣikēśa patmanābha dāmōdara
sanghārṣaṇa vāsudēva pradyumnā aniruddhā
puruṣōttama adhōkṣajā nārasimhāchyutā
janārddanā upēndrā hari śrī kṛṣṇā

keśava	Celui qui a tué le démon Keshi, le Chevelu
nārāyana	Le Seigneur des eaux primordiales
mādhava	Le Bien-aimé de la Déesse Lakshmi
gōvinda	Le Seigneur des vaches

viṣnu	Le Seigneur omniprésent
madhusūdana	Celui qui a tué le démon Madhu
trivikrama	Celui qui a parcouru le monde en trois enjambées
vāmana	Le nain, incarnation de Vishnu
śrīdhara	Celui qui porte Lakshmi en son cœur
hṛṣikēśa	Le Seigneur des sens
patmanābha	Lotus qui émerge du nombril
dāmōdara	Qui a un pilon attaché à la taille
sankārshana	Frère de Sri Krishna
vāsudēva	Fils de Vasudeva
pradyumna	Fils de Sri Krishna
aniruddha	Petit-fils de Sri Krishna
purushōttama	L'Être suprême
adhōkshaja	Qui ne perd jamais sa force vitale
narasimha	L'Homme-lion, incarnation de Vishnu
achyuta	Inébranlable
janārddanā	Celui qui détruit les êtres malveillants
upēndra	Le nain, incarnation de Vishnu

KŌṬĀNU KŌṬI

kōṭānu kōṭi varṣangaḷāyi satyamē
tēṭunnu ninne manuṣyan

O Vérité éternelle, l'humanité Te cherche
depuis des millions d'années.

dhyāna nimagnanāyi nin divya dhārayil
ātmāvine chērttozhukkān
ellām tyajicchu ṛiṣīśvara reṇṇiyāl tīrātta
varṣam tapassirunnu

Les sages de jadis, ayant renoncé à tout, se sont
adonnés à de longues années d'austérités afin de
se laisser emporter par le courant divin de Ton Amour.

ghōramāyi vīśum koṭum kāttilum ninte
sūrya tējassuḷḷa kocchu nāḷum
āṭikkaḷikkātanangāte nilkunnu
ārkkum aṭukkuvān kelppezhāte

Inaccessible à tous, Ta flamme infinie, dont l'éclat
est pareil à celui du soleil, reste immuable
sans même danser au milieu du cyclone le plus furieux.

puṣpa latakaḷum pūja muṟikaḷum
puttan koṭimara kṣētrangaḷum
etra yugangaḷāyi kāttirunnu ninne
ettātta dūrē āṇinnum

Les fleurs, les plantes grimpantes, les autels
et les temples aux piliers sacrés récemment installés,
tous T'attendent depuis des éons et des éons,
mais Tu demeures cependant lointaine, inaccessible.

KṚṢṆA KANAIYYA

kṛṣṇa kanaiyya kṛṣṇa kanaiyya
nada vara nanda kumāra kanaiyya
vṛndāvana kē bansi kanaiyya
rādhā manō hara rāsa rasaya
muraḷi manōhara kṛṣṇa kanaiyya
śrī madhusūdana rādhe kanaiyya

kṛṣṇa kanaiyya	Krishna chéri
nadavara	Dansant
nanda kumāra	Fils de Nanda

vṛndāvana kē bansi	Joueur de flûte de Vrindavan
rādhā manōhara	Celui qui enchante le mental de Radha
rāsa rasaya	Celui qui se délecte de la danse *rasa*
muraḷi	Le joueur de flûte
śrī madhusūdana	Celui qui a tué le démon Madhu

KṚṢṆA KṚṢṆA MUKUNDA

kṛṣṇa kṛṣṇa mukunda janārdhana
kṛṣṇa gōvinda nārāyana harē
achyutānanta gōvinda mādhavā
satchidānanda nārayaṇa harē

O Krishna, Toi qui confères la Libération,
Tu détruis les êtres malveillants, Seigneur des vachers,
Toi qui sauves ceux qui sont dans la douleur,
Immuable, Infini, Bien-aimé de Lakshmi,
Toi l'Absolu, Être-Conscience-Béatitude…

kṛṣṇa vāsudēva harē
kṛṣṇa vāsudēva harē
garuda gamana kamsāre madhusūdana
madana gopāla nārāyaṇa harē
muraḷi kṛṣṇa murāre mana mōhana
nanda nandana nārayaṇa harē

O Toi qui voles sur l'oiseau Garuda, Tu as tué
Kamsa et le démon Madhu, Tu joues de la flûte,
Tu as tué le démon Mura, Toi qui charmes
les cœurs, O Fils de Nanda.

nārāyaṇa nārāyaṇa nārāyaṇa nārāyaṇa
nārāyaṇa nārāyaṇa nārāyaṇa namō nārāyaṇa
rāma rāma narasimha purushōttama

rāghava rāma nārāyaṇa harē
rāvanāre kōdanda rāma raghuvarā
rākṣasāntaka nārāyaṇa harē

O Rama, Être suprême, Toi qui T'es incarné sous la forme de l'Homme-lion, membre du clan des Raghus, Toi qui as tué Ravana, Tu portes un arc, Tu détruis les démons, O Narayana, O Hari.

patmanābha parameśa sanātana
parama puruṣa nārāyaṇa harē
pānduranga viṭhala purandara
pundari kākṣa nārāyaṇa harē

De Ton nombril jaillit un lotus, Seigneur suprême et éternel, Être suprême, Narayana, Hari, Panduranga, Vithala à Pandarpur.

śrinivāsa aniruddha dharanīdhara
aprameyātma nārāyaṇa harē
dinabandhō bhagavanta dayā nidhē
dēvakī tanaya nārāyaṇa harē
O Demeure de la Dśesse de l'abondance (Lakshmi),

Toi qui soutiens la terre, Tu transcendes la pensée, Tu es la famille de ceux qui souffrent, Trésor de compassion, Enfant chéri de Dévaki, Narayana Hari.

KṚṢṆA KṚṢṆA RĀDHĀ

kṛṣṇa kṛṣṇa rādhā kṛṣṇa
gōvinda gōpāla vēṇu kṛṣṇa
mōhana kṛṣṇa madhusūdana kṛṣṇa
mana mōhana kṛṣṇa madhusūdana kṛṣṇa
murāre kṛṣṇa mukunda kṛṣṇa

KṚṢṆA MUKUNDA

kṛṣṇa mukunda murāri
jaya kṛṣṇa mukunda murāri

rādhe gōvinda kṛṣṇa mukunda
rādhe gōvinda kṛṣṇa murāri

nandaya nanda rādhā gōvinda
rādhē gōvinda kṛṣṇa mukunda

KUMBHŌDARA VARADĀ

kumbhōdarā varadā ..... gajāmukhā
sambhu kumārā gaṇapati bhagavān!
kumbhōdara varadā ....

O Dieu au gros ventre et au visage d'éléphant,
Tu accordes des bénédictions.
Fils de Shiva, Seigneur des Ganas...

aiṅkara śambhavā sankaṭa haraṇā
nalgati yaruḷuka śiva sadanā
anpiyalum mizhi inpamoṭṭiyanil
śaṅkara sūnō kaniyaṇamē!

Tu possèdes cinq mains qui accordent des faveurs. Tu détruis
le chagrin, Fils de Shiva, bénis-nous, accorde-nous le salut.
Que Ton regard plein de bonté se pose sur moi.
O Fils de Shiva, montre-Toi miséricordieux !

ādināthanē bhavanadi taraṇā
karuṇālaya maya śubhadā harē...!
ānandāmṛta vighna vināyaka
kṛpa aruḷīṭuka durita harē.... !

O Seigneur, Tu as traversé la rivière de l'existence,
Demeure de la compassion, Dieu propice, O Hari,
Nectar de béatitude, Tu chasses la souffrance,
accorde-moi Ta Compassion.

LAMBŌDARA PĀHIMĀM

lambōdara pāhi mām
jagadambā sūtā rakṣa mām
jaya lambōdara pāhi mām

Protège-moi, Dieu au ventre rebondi. Sauve-moi,
Fils de la Mère universelle. Gloire à Toi !
Protège-moi, Dieu au ventre rebondi !

śaranāgata rakṣa mām
hē karuṇānidhē pāhi mām

Donne-moi refuge ! Sauve-moi !
Protège-moi, O Trésor de compassion !

śrī gaṇanātha samrakṣa mām
nīja bhakti mudam dēhi mām

O Seigneur des Ganas, protège-moi !
Donne-moi la joie d'éprouver la véritable dévotion !

MĀDHAVA GOPAL

mādhava gōpālā mana mōhana gōpāla
yaśōda kē bālā yadu nandana gōpālā

O Bien-aimé de Lakshmi, Toi qui charmes les cœurs,
Fils de Yashoda né dans le clan Yadu, Protecteur des vaches.

bāla gōpālā hē giridhara gōpālā
hē giridhara gōpālā yadunandana gōpālā

Enfant Krishna, Toi qui as soulevé la montagne,
Tu es né dans le clan Yadu.

MATHURĀDHIPATĒ

mathurādhipatē dvārakādhipatē
vaikuṇṭhapatē śrī rādhā patē
nanda nandanā kṛṣṇa gōpālā
mīrā kē prabhu giridhara bālā

Seigneur de Mathura et de Dvaraka,
Seigneur de Vaikuntha, Seigneur de Radha,
Fils de Nanda, petit pâtre Krishna, Seigneur de Mira Baï,
Enfant qui porte la montagne Govardhana sur la main.

dēvakī nandanā hē ghanaśyāmā
gōpi manōhara mangaḷadhāmā
kāḷiya marddana kamsa vimarddana
nāchō nāchōrē bhayyā bānsūri vālā

O Fils de Dévaki, Enfant au teint sombre, Tu charmes
le cœur des Gopis, Tu confères ce qui est propice,
Toi qui as soumis le serpent Kaliya, Enfant de Nanda,
danse, danse, O Frère qui joue de la flûte.

sūrdās kē prabhu giridhāri
rādhākṛṣṇā kuṇjavihāri
vasudēva nandana asura nikhaṇḍana
bhavabhaya bhaṇjana jagat vandana

O Seigneur adoré de Surdas, Toi qui soulevas la montagne,
Seigneur de Radha, Tu résides dans le cœur, Fils de Vasudéva,
Tu détruis les démons, Tu dissipes la peur de la transmigration,
devant Toi tout l'univers se prosterne.

mīrā kē prabhu giridhara nāgara
gopī kṛṣṇa kanayyā
abhi dēnā tum tērā darśan
mērā kṛṣṇa kanaiyyā

O Seigneur de Mira, Toi qui soulevas la montagne, Bien-aimé des gopis, sois miséricordieux et donne-moi maintenant Ton darshan, O mon Krishna chéri.

MALARUM MANAVUM

malarum maṇavum vērpeṭumō ammē
madhuvum madhuravum vērpeṭumō
rāppakal māṛi maṛayān maṛannālum
niśchayam ninne maṛakkilla ñān! (malarum)

Peut-on séparer la fleur de son parfum ?
Ou le miel de sa douceur ? Même si le jour et la nuit oubliaient de se succéder, jamais je ne T'oublierai.

etrayō nūtanaddhyayangaḷenteyī
mugdha jīvanil nī ezhutichērttū
karuṇyamē ninṭe kālaṭi viṭṭoru-
kālamorikkalum ēkīṭolle
tṛippāda vismṛti ēkīṭolle (malarum)

Tu as ajouté au livre de ma vie tant d'épisodes merveilleux.
O Incarnation de la compassion, fais que jamais ne vienne un moment où je serais séparé de Tes pieds.
Fais que jamais je ne puisse T'oublier.

akaluvān akalamillammē nīyente
akatāril adhivasichennē;
janmangaḷiniyetra kazhiññālu maṭiyane
aṭimalar sēvaka nākkēṇamē....
janma sāphalyam angenikkēkēṇamē! (malarum)

Il n'existe pas d'espace qui puisse nous séparer, car c'est en moi que Tu demeures. Au cours de toutes mes vies futures, fais que j'adore Tes pieds de lotus. Cela serait l'accomplissement de ma vie.

MANAMĒ NARAJĪVITAM

manamē narajīvitamākum
vāyalēlakaḷ varaḷukayāṇē
oru pozhutum kṛṣiyillāte
tariśāyatu maruvukayāṇē

O mon mental, la naissance humaine est comme un champ. S'il n'est pas cultivé correctement, il devient sec et stérile.

vidhipōlatil vittukaḷ pāki
kṛṣi cheyyuva tevvidhamennāyi
aṛivilla ninakkoruleśam
aṛiyānoṭṭilabhilāṣam

Vous ignorez comment semer correctement les graines et comment les faire pousser. Et vous n'avez pas non plus le désir d'apprendre.

vaḷamiṭṭuṭanūzhutumaṛichum
nalamōṭatha kaḷakaḷ paṛichum
pari chōṭatha pālippōḷam
viḷakkoyyām matiyāvōḷam

Si vous aviez arraché les mauvaises herbes,
mis de l'engrais et en aviez pris soin,
vous auriez obtenu une très bonne récolte.

kadanamezhunnoru karayalināl
vigaḷitamayi nin kaumāram
taruṇi viharaṇa ratanāyi
takarukayāyi nava tāruṇyam

L'enfance se passe en pleurs inutiles et
la jeunesse dans l'attachement à la luxure.

kāzhivukaḷ muzhuvan kizhivākum
kizhavan nīyoru puzhuvākum
tozhilil ninnuṭanozhivākum
kuzhiyum nōkkiyirippākum

Maintenant la vieillesse est là
et toute votre énergie va disparaître.
Vers de terre impuissants et désœuvrés,
vous passerez votre temps à fixer la tombe.

MANASĀ VĀCHĀ

manasā vāchā karmaṇā
nirantaram ninne smarikkunnu
enniṭṭu mennōṭu kanivukāṭṭān
amāntamentē ponnammē
amāntamentē ponnammē

En pensée, en parole et en action,
je me souviens constamment de Toi.
Pourquoi tardes-Tu à me témoigner
Ta miséricorde, O Mère bien-aimée ?

āndukaḷ palatu kazhiññiṭṭum
svasthatayillen manassinu
ittiri āśvāsamēkuvān
amāntamentē ponnammē
amāntamentē ponnammē (manasā)

Les années ont passé et mon mental
ne connaît toujours pas la paix.
O ma Mère bien-aimée, accorde-moi un peu de réconfort.

kāttilakappeṭṭa tōṇipōlē
alayunnammēyen mānasam
chittarōgiyāyi māṛātirikkān
ittiri manaḥśānti nalkū ammē
ittiri manaḥśānti nalkū ammē (manasā)

Mon mental est ballotté comme un bateau
dans la tempête. O Mère accorde-moi
un peu de paix intérieure afin que
je ne sombre pas dans la folie.

vayyayennammē sahiyātāyi
vēndayīvidha jīvitam
nin parīkṣaṇam tāngān aṭiyanu
āvatillammē āvatilla
āvatillammē āvatilla (manasā)

O Mère, je n'en puis plus, je ne peux plus
supporter une telle vie. Je ne peux plus endurer
les épreuves que Tu m'imposes, O Mère !

pāvam ñān oru tuṇayattōn
ammayallātenikkyārumilla
parīkṣaṇam nirtti yennammē - nī
karam nīṭṭi yenne kara kayattu
karam nīṭṭiyenne kara kayattu (manasā)

Je suis un pauvre indigent, je n'ai que Toi, Mère.
Je T'en conjure, mets un terme à ces épreuves,
tends-moi la main et attire-moi à Toi.

MANASSĒ NIN SVANTAMĀYI

manassē nin svantamāyi oruttarumillenuḷḷā
paramārttha mellāyipozhum smarikkuka nī

N'oublie pas, O mon mental, cette vérité suprême :
personne ne t'appartient !

artthaśūnyamākumōrō karmangaḷe cheytukondu
vyartthamāyi samsārattil alayunnu nī

Parce-que Tu agis de façon insensée,
tu erres dans l'océan de ce monde.

ārādhi chēykkām janangaḷ prabhō prabhō ennu viḷi
chāyatalpakālam mātram nilanilpatām

Même si les gens t'honorent en s'écriant :
« Maître, Maître » cela ne durera que peu de temps.

itranāḷ mattuḷḷa jānam ārādhiccha ninte dēham
prāṇan pōmbōḷupēkṣippān iṭayāyiṭum

Ce corps si longtemps honoré,
il faudra le quitter lorsque viendra la fin.

ētu prāna prēyasīkkuvēndi itra ellām ningaḷ
pāṭupeṭunnundō jīvan veṭiññupōlum

Pour quelle bien-aimée as-tu lutté jusqu'à ce jour,
sans prendre soin de ta vie ?

ā peṇmaṇipōlum tavamṛtadēham kāṇum nēram
peṭicchu pinmāṛum kūṭe varuka illa

Elle aussi sera effrayée par ton cadavre
et elle ne t'accompagnera pas.

**śāśvatamall ī śarīram śavamāṇen ōrttukondu
śuddhatmāvine aṛivān pariśramikkū**

Souviens-toi que le corps est impermanent,
qu'il n'est qu'une masse de chair et d'os.
Consacre donc toutes Tes forces à connaître ton âme, le véritable Soi.

**māyatante valaykkākattakappeṭṭukondu jagan-
mātāvinte nāmatte nī maṛannīṭollē**

Même si tu es prisonnier du piège subtil de Maya,
n'oublie pas le Nom sacré de la Mère divine.

**'nēti nēti' vādam kondō vēdatantrādikaḷkondō
darśanangaḷāṛukondō sādhyamāyiṭā**

On ne peut obtenir la vision de Dieu ni par les Védas,
ni par les Tantras, ni par le Védanta ou les autres philosophies.

**nityānanda ni magnanāyi jīvajālangaḷilennum
satyasvarūpanāmīśan kūṭikoḷḷunnu**

Plongé dans la Béatitude éternelle, Dieu,
dont la nature est Vérité, demeure en tous les êtres.

**sthānamānadhanam ellām sthiramāṇennōrttiṭolle
satyavastu onnēyuḷḷu jagadambika**

Pouvoir, prestige et richesse tout cela est périssable,
la seule Réalité est la Mère universelle.

**bhakti lābhamkotichallō māmunimārekkālattum
śuddhamānasanmārāyi tapam cheyyunnu**

Pour atteindre la dévotion, même les anciens sages
ont pratiqué l'ascèse (*tapas*) avec un cœur pur.

kāntamirumbineppōle ākarṣikkumallō jagan -
nāthan bhaktiyuktanākum jīvātmāvine

Comme un aimant attire le fer, le Seigneur attirera à Lui les âmes imprégnées de dévotion.

Kāḷimātāvinte nāmam kāmanakaḷ viṭṭukondu
āmōdattālppāṭippāṭi nṛttamāṭiṭām

Renonçant à tous les désirs, dansons dans cette béatitude en chantant le Nom de Mère Kali !

dayamāyiyākum dēvi bhayarūpameṭuttālum
padatārilkkiṭakkuvōr dhanyarāṇavar

Même lorsque Dévi, si pleine de compassion, assume une forme effrayante, ceux qui se prosternent à Ses pieds sont bénis.

MANDA HĀSA

manda hāsa vadanē manōhari
mātā jagad jananī
mātā mātā mātā jagad jananī
mātā mātā mātā jagad jananī

jagad jananī śubha jananī
mātā jagad jananī
ambā mātā jagad jananī

īśvarī ambā paramēśvarī ambā
jagadīśvarī ambā paramēśvarī ambā

mandahāsa vadane	Toi qui as un doux sourire
manōhari	L'enchanteur
jagad jananī	Mère du monde
śubha	Auspicieux

īśvarī	Déesse
ambā	Mère
paramēśvarī	Déesse suprême
jagadīśvarī	Souveraine du monde

MANGALA ĀRATI

mangaḷa ārati mangaḷa ārati
mangaḷa ārati gopāla kī

kamala nayana kī yaśōdā nandana kī
mangaḷa rūpa śyāma sundara kī

pītāmbara dharkī kamala nayana kī
mōr mukuṭa kī rādhā jīvana kī

śyāma sundara kī gōvarddhana dhara kī
mangaḷa rūpa śyāma sundara kī

mangaḷa sukṛtī bāl kī
chaturbhujadāsa sadāmangaḷa nidhi
pālita giridhara bāl kī
smitarici nandana hē yadunandana
smitamukha chandana bālkī

Nous décrivons des cercles propices avec la flamme du camphre (*arati*) devant le Protecteur des vaches, l'Enfant aux yeux de lotus et au merveilleux teint sombre, le Fils de Yashoda.
Ta forme est propice et Tes sourcils sont auspicieux,
Seigneur Vishnu, Trésor toujours bienfaisant de Ton serviteur,
Tu protèges la montagne Govardhana que Tu soulevas jadis.

MANNĀYI MAṚAYUM

maṇṇāyi maṛayum, manuṣyan iniyum
kuññāyi vaḷarum, mahiyil

L'homme meurt et disparaît, devenant poussière,
mais il renaît et grandit de nouveau sur la terre.

janmam palavidha puṇyam cheytavan
viṇṇitil ettum sukhamāyi - vīndum
mannitilettum, vidhipōl (maṇṇāyi maṛayum)

S'il fait de bonnes actions, il atteindra des mondes
célestes où règne la joie, avant de revenir sur terre.

jarayum, narayum pakarum janatati
alayum vyādhikaḷ adhikam
punariniyum vidhiyitupōleṅkil
jananamitentinu manujā -ninnuṭe
vikṛtikaḷentinu manujā ? (maṇṇāyi maṛayum)

La vie nous fait passer par les maladies,
puis la vieillesse. Homme, penses-y donc !
Cela vaut-il la peine de naître et de renaître ?
A quoi bon ces tendances négatives ?

pāpam cheyitoru pāmaraneṅkilum
pāzhmaṇalinn alayāte
pārinnuṭayōn ārennaṛiyukil
pāpabhayam pōyimaṛayum - avanum
ānandābdhiyilāzhum...! (maṇṇāyi maṛayum)

Malgré toutes les mauvaises actions qu'un être humain
a pu commettre, s'il connaît le Substrat de ce monde,
alors toutes ses tendances négatives s'évanouissent
et il plonge dans l'Océan de la béatitude.

MANŌ BUDDHYA

manō buddhyahamkāra chittāni nāham
na cha śrōtra jihvē na cha ghrāṇa nētrē
na cha vyōma bhūmirna tējō na vāyu
chidānanda rūpaha śivōham śivōham

Je ne suis ni le mental ni l'intellect, ni l'ego ni la mémoire !
Je ne suis ni les yeux ni la langue, ni l'odorat ni la vue ;
je ne suis ni l'éther ni la terre, ni le feu ni l'eau ni l'air ;
je suis la pure Présence-Béatitude, je suis Shiva, je suis Shiva !

na cha prāṇa samñyō na vai pañcha vāyurnna
vā sapta dhātur na vā pañcha kōśaha
na vāk pāni pādam na chō pastha pāyū
chidānanda rūpaha śivōham śivōham

Je ne suis ni la force vitale, ni les cinq souffles vitaux, ni les sept éléments du corps ni les cinq enveloppes, ni les mains ni les pieds, ni la langue ni le sexe ni les organes d'excrétion ;
je suis la pure Présence-Béatitude, je suis Shiva, je suis Shiva !

na mē dvēṣa rāgau na mē lōbha mōhau
madō naiva mē naiva mātsarya bhāvaha
na dharmō na chārthō na kāmō na mōkṣa
chidānanda rūpaha śivōham śivōham

Je n'éprouve ni attraction ni répulsion, ni avidité ni illusion ;
je n'ai ni sens de l'ego ni orgueil, ni mérite ni richesse,
ni jouissance ni délivrance ;
je suis la pure Présence-Béatitude, je suis Shiva, je suis Shiva !

na puṇyam na pāpam na saukhyam na duḥkham
na mantrō na tīrttham na vēda na yagñaha
aham bhōjanam naiva bhōjyam na bhōktā
chidānanda rūpaha śivōham śivōham

Je n'agis ni bien ni mal ; je n'éprouve ni plaisir ni peine.
Je ne connais ni mantras, ni lieux saints ni Védas ni rituels ;
je ne suis ni l'acte de manger, ni celui qui mange ni la nourriture.
Je suis la pure Présence-Béatitude, je suis Shiva, je suis Shiva !

na mṛtyur na saṅkā na mē jāti bhēdaha
pitā naiva mē naiva mātā cha janma
na bandhur na mitram gurur naiva siṣya
chidānanda rūpaha śivōham śivōham

Je ne connais ni la mort, ni la peur, ni les distinctions de caste.
Je n'ai ni père ni mère et je n'ai jamais eu de naissance ;
je n'ai ni ami ni camarade, ni guru ni disciple ;
je suis la pure Présence-Béatitude, je suis Shiva, je suis Shiva !

aham nirvikalpō nirākāra rūpō
vibhut vācha sarvatra sarvēndriyāṇām
na chā sangatō naiva muktirnna mēyaḥa
chidānanda rūpaha śivōham śivōham

Je ne suis ni forme ni chimère, je suis l'Omniprésent.
Je suis en tous lieux et pourtant je suis au-delà des sens.
Je ne suis ni le salut ni rien qui puisse être connu ;
je suis la pure Présence-Béatitude, je suis Shiva, je suis Shiva !

MĀRĀ YADUKULA

mārā yadukula hṛdayēśvarā
mazhamukil varṇṇā śrīdharā
taraḷita gānangaḷ tazhukiyuṛakkum nin
viralukaḷ eviṭe tāmara kaṇṇā... (mārā)

O Enfant au charme sans pareil, Seigneur du cœur des Yadavas, Tu as le teint d'un nuage d'orage, Tu portes la Déesse Lakshmi en Ton cœur, O Enfant aux yeux de lotus, où sont Tes doigts qui, en caressant la flûte, jouent des airs si mélodieux qu'ils nous emportent aux pays des rêves ?

vṛndāvani kayil nanda kumāranāyi
vāṇaruḷīṭunna tāmara kaṇṇā
vaiṣṇava chaitanya chētō vihārassil
kēḷīnaṭanam cheyitavanē

Tu vis à Vrindavan sous la forme du Fils de Nanda, Tu danses et joues dans le cœur du Seigneur Chaitanya et de tant d'autres saints.

ādiyum antavum nīyē dēvā
bhakta pārāyaṇā kāitozhunnen (mārā)

Origine et Fin de toute chose, les mains jointes,
nous T'adorons, Toi que l'amour des dévots lie.

MARTYARE SAMSĀRA

martyare samsāra vāridhikkakkare -
yettīcchīṭum bhavatāriṇi ambikē
ī prapañchattin muraṭāyi mēviṭum
apramēyōjjvala śaktisvarūpiṇī

O Mère, Tu es le Sauveur de l'humanité
qui nous fait traverser l'océan du monde.
Tu es la Cause première du monde,
le Pouvoir sous-jacent à l'univers.

nīyallayō triguṇādhārayāyi jīvabhāvamāyi
mēvunna tējasvarūpiṇī
ñān aṛiyunnu bhaval prītiyonnutān
mānava janmam kṛtārtthama kīduvān

Tu te manifestes sous la forme des trois *gunas*
et aussi en tant que Force suprême de vie.
Je sais, O Mère, que Ton amour pour nous
nous permet de réaliser le but de la vie humaine.

ñān aṛiññīṭunnu nin kṛpālēpanam
dīna samtrāṇanam cheyvatennuḷḷatum
śānti jagattiluṇārtti nin puñchiri
pūntiṅkaḷāyi parilasikkunnatum

Le clair de lune de Ton sourire apporte lumière et paix
à ce monde de douleur et de ténèbres.

pañchabhūtaṅgaḷ prapañcha ghaṭanayil
paṅkuvahīppatum nin kṛpāvaibhavān
pūrṇṇa kumbhattilum arghya puṭattilum
bhūtaṅgaḷ añchilum ādi mūlattilum

L'univers surgit des cinq éléments pour mieux
manifester Ta gloire.Tu es les eaux saintes,
les cinq éléments et la Cause originelle.

sākārayāyum nirākārayāyum ī
lōkattil eṅgum viḷaṅgunna dēvi nī
enne tyajichāl ā rakṣanam entina
mannittil ī vāranam cholluken ambikē.

Avec ou sans forme, Tu emplis tout l'univers.
Si Tu m'abandonnes un seul instant, dis-moi,
O Mère, à quoi sert cette vie sur terre ?

MAUNA GHANĀMṚTAM

mauna ghanāmṛta śānti nikētam
gautama manalaya sundara nilayam
bandhana nāśana kāntipūram
chintātīta nirāmaya tīram

Demeure du silence infini, paix éternelle et beauté,
dans laquelle s'est dissous le mental de Gautama Buddha,
Lumière qui détruit l'esclavage,
Rive de la joie que la pensée ne peut atteindre.

santata samanilayaruḷum jñānam
antādikaḷuma kannoru dhāmam
chittavikalpamakannānandam
śaktyādhiṣṭhita chitghana dēśam

Connaissance qui donne l'équanimité éternelle,
Demeure sans commencement ni fin,
Béatitude que l'on éprouve lorsque le mental est apaisé,
Source de toute-puissance, demeure de la Conscience infinie.

advaitāmṛta satpadam ēkam
tat tvam asī pada lakṣya svarūpam
aṇayānāyi ñān vembukayāyī
tvatkṛpayallātilloru mārgam

« Tu es Cela » : le but qu'indique cette parole
nous donne la Béatitude éternelle de l'état non-duel,
c'est ce but que je désire atteindre et
pour l'atteindre, Ta Grâce est l'unique moyen.

MŪKA GĀNAM

mūkagānam pāṭivarum
śōkamānasa śalabhangaḷē
niṅgaḷ anaghamām divya dēvālayam
pūkuva tinnu varāmō ? (mūka gānam)

O abeilles de la tristesse, O mélodies sans mots,
ne voulez-vous pas venir dans la demeure divine de Mère ?

ūzhi talaṅgaḷil azhalukaḷōṭe
alayuvatentē iniyum... ?
ūzhiyilumayāḷ udayam cheytatu
aṟiyarutāyō iniyum ? (mūka gānam)

Nous n’avons plus à errer sur les routes poussiéreuses.
La Mère divine s’est incarnée sur Terre.

pōyavasantattin pūvukaḷ chūṭi
putiyoru dēvata vannū
pōyadinaṅgaḷ pōkilumini nām
pōvuka ā divyatalattil (mūka gānam)

Avec les fleurs du printemps est venue la Déesse.
Les jours passés se sont enfuis à jamais. Désormais,
prenons refuge en cette Demeure divine.

tyāga kutūhala nūtana hṛdayam
tūkiṭum ātma vachassāl
dēhamanassukaḷ dēhikaḷalenna
bōdhamuṇarttuka hṛttil (mūka gānam)

Que nos cœurs soient comblés par de nouvelles
paroles de sagesse. Emplis de la Béatitude du Soi,
exclamons-nous que le corps-mental ne peut jamais être Cela.

MŪKA HṚDAYA

mūka hṛdaya vipañchikayil
śōka rāga kuññōḷangaḷ
taptabāṣpa dhārayilonnāyi
saptarāgamarāḷamozhukki. (mūka hṛdaya)

Dans la *vina* (luth) du cœur silencieux,
des chants tristes aux mélodies subtiles
se mélangent aux rivières de pleurs,
créant une atmosphère de symphonie divine.

pāloḷikkala māññu kazhiññu
pāvakan parihāsamu tirttu
tārakangaḷ niṣēdhātmakamāyi
tāṇukondu paṛaññututaṅgi (mūka hṛdaya)

La lune a disparu et la flamme de la lampe
ne jette plus qu'une ombre de dédain.
Comme si elles allaient descendre,
les étoiles viennent nous dire :

vyartthamākkuvatentinu nī yī
labhya mānuṣa janma phalatte
nitya karmamanōvākkukaḷāl,
satyavastuvil vilayamkoḷḷū! (mūka hṛdaya)

« Homme, la naissance humaine est entre tes mains.
Pourquoi désires-tu ta propre perte ?
Grâce à tes actions, par l'amour de Dieu
et la connaissance de la Vérité, fonds-toi en Cela ! »

NANDA KUMĀRA

nanda kumāra gopāla
vṛndāvana kē sundara bāla

O Fils de Nanda, Protecteur des vaches,
bel Enfant de Vrindavan.

mōhana rādhē śyāma gōpāla
mōhana muraḷī dhāri gōpāla

Toi qui charmes Radha,
Gopala au teint sombre,
le son de Ta flûte nous enchante.

gōvardhana giridhāri gōpāla
gōpī mānasa lōlā gōpāla

O Gopal, Tu as soulevé la montagne Govardhana,
Tu joues dans le cœur des gopis.

NANDALĀL

nandalāl nandalāl nandalāl yadu nandalāl
nandalālā navanīta chōra
rādhā pyāre nandalāl
māyi mīrā manasa chōra
hṛdaya vihārā nandalāl

O Fils de Nanda, né dans le clan de Yadu,
petit Voleur de beurre, Bien-aimé de Radha
Tu as dérobé le cœur de Mère Mira Baï,
Fils de Nanda, Tu joues dans les cœurs.

NANDALĀLĀ YADU

nandalālā yadu nandalālā
vṛndāvana gōvinda lālā
rādhā mādhava nandalālā
rādhā lōla nandalālā

O Fils de Nanda, né dans le clan de Yadu,
Seigneur des vaches à Vrindavan,
Bien-aimé de la Déesse Lakshmi,
Toi qui es cher à Radha,
O Fils de Nanda !

NĀRĀYANA HARI

nārāyaṇā hari nārāyaṇā hari
nārāyaṇā hari nārāyaṇā
sachidānanda ghana nārāyaṇā
achyutānanda gōvinda nārāyaṇā

śrī kṛṣṇa kṛṣṇa sakha nārāyaṇā- kamala
patrākṣa adhōkṣaja nārāyaṇā
nandagōpa kumārā nārāyaṇā - rādhikā
ramaṇa gōvinda nārāyaṇā

kṛṣṇa yajñēśvarā nārāyaṇā - satyabhāmā
vinōdakā nārāyaṇā
kēśikā kamsaripu nārāyaṇā - rādhikā
ramaṇa gōvinda nārāyaṇā

kṛṣṇa karuṇākarā nārāyaṇā
kṛṣṇa dāmōdarāchyutā nārāyaṇā
kṛṣṇa narakāntakā nārāyaṇā - rādhikā
ramaṇa gōvinda nārāyaṇā

śrī kṛṣṇa gōpāla nārāyaṇān- bala
subhadra sōdarā nārāyaṇā
śyāma mangaḷānga nārāyaṇā - rādhikā
ramaṇa gōvinda nārāyaṇā

śri kṛṣṇa kalpataru nārāyaṇā- tīrttha-
pāda karuṇārṇṇavā nārāyaṇā
rāsōtsava priyā nārāyaṇā - rādhika
ramaṇa gōvinda nārāyaṇā

kamala lōchanā kṛṣṇa nārāyaṇā - lōka
rañjakā rakṣaka nārāyaṇā
kaumōda śrīdharā nārāyaṇā - rādhikā
ramaṇa gōvinda nārāyaṇā

gōvarddhanōdharā nārāyaṇā – narakāntakā narōttamā nārāyaṇā
murahara mukunda nārāyaṇā - rādhikā
ramaṇa gōvinda nārāyaṇā

gōpī jana priyā nārāyaṇā – gōpa-
gōpi janēśvara nārāyaṇā
gōvatsa pālakā nārāyaṇā - rādhikā
ramaṇa gōvinda nārāyaṇā

dēvakī nandana nārāyaṇā kṛṣṇā
dīna jana vatsalā nārāyaṇā
āpadi rakṣakā nārāyaṇā - rādhikā
ramaṇa gōvinda nārāyaṇā

dharaṇī dharāchyuta nārāyaṇā
daityakula marddanā nārāyaṇā
gōpāla kula tilaka nārāyaṇā - rādhikā
ramaṇa gōvinda nārāyaṇā

bhakti pravārddhakā nārāyaṇā - bhakta
vāk paripālakā nārāyaṇā
bhakti pradāyaka nārāyaṇā - rādhikā
ramaṇa gōvinda nārāyaṇā

gōpīkā vallabha nārāyaṇā- chakra-
pāṇī paramānanda nārāyaṇā
kubjā vinōdakā nārāyaṇā - rādhikā
ramaṇa gōvinda nārāyaṇā

achyuta	Inébranlable
adhōkṣaja	Celui dont la vitalité ne diminue jamais
āpadi rakṣaka	Celui qui nous sauve de la douleur
bala subhadra sōdara	Frère de Balarama et de Subhadra
bhakta vāk paripālaka	Celui qui accomplit les paroles de ses dévots
bhakti pradāyaka	Celui qui accorde la dévotion
bhakti pravārtaka	Celui qui établit le culte de la dévotion
chakrapāṇi	Celui qui tient un disque dans la main
daitya kula marddhana	Celui qui a détruit le clan des démons
dēvakī nandana	Fils de Dévaki
dhara nīdhara	Celui qui porte la terre (en tant que Varaha)
dāmōdara	Celui qui a été attaché avec une corde autour de la taille
dīna jana vatsala	Tendre envers les affligés
gōpi jana priya	Le Bien-aimé des gopis
gōpāla kula tilaka	Le roi du clan des bouviers
gōvardhanōdhara	Celui qui porte la montagne Govardhana dans Sa main
gōvinda	Le Seigneur des vaches
gōpa gōpī janeśvara	Le Seigneur des bouviers et des bouvières
gōpika vallabha	Le Seigneur des bouvières

gōvatsa pālaka	Le Protecteur des vaches
hari	Celui qui supprime les problèmes humains
kalpataru	Arbre céleste qui exauce les désirs
kamala lōchana	Celui aux yeux de lotus
kamala patrākṣa	Celui qui a des yeux semblables à des pétales de lotus
karuṇākara	Celui qui est plein de Compassion
karuṇārnava	Océan de miséricorde
kaumōda śrīdhara	Celui qui porte la Déesse Lakshmi et l'arme de Kaumoda
kēśika kamsaripu	L'ennemi de Keshi et de Kamsa
kṛṣṇa saka	Ami d'Arjuna
kubja vinōdaka	Celui qui a béni la damoiselle Kubja
lōka ranjaka rakṣaka	L'Enchanteur et le Protecteur du monde
mangalānga	Aux membres auspicieux
mukunda	Celui qui donne la Libération
murahara	Celui qui détruit le démon Mura
nandagōpa kumāra	Fils du vacher Nanda
narakāntaka	Le destructeur du démon Naraka
narōttama	La Personne ultime
nārāyaṇa	Le But de l'humanité
paramānanda	La suprême Béatitude
rādhikā ramaṇa	Celui qui ravit Radha
rāsōtsava priya	Celui qui aime la danse Rasa
sachidānanda ghana	L'Absolu « Etre-Conscience-Béatitude »
satyabhāma vinōdaka	Qui bénit Satyabhama
tīrttha pāda	Aux pieds divins
yajñēśvara	Le Seigneur des sacrifices

NĪ ENTE VEḶICCHAM

nī ente veḷiccham jīvante teḷiccham
nī en abhayam allē ammē nī en abhayam allē

Tu es la Lumière de ma vie. N'es-Tu pas mon refuge,
O Mère, n'es-Tu pas mon refuge ?

kaiveṭiyarute jagadambikē
kanivin kēdāramē; ammē kanivin kēdāramē

O Mère de l'univers, O Source de compassion,
ne m'abandonne pas !

ninte stutikaḷ pāṭunēram
ivaḷkku tuṇayāyi nilkkēṇamē
anugraham ēkaṇē sarasvati dēvi
nin kṛpa choriyēṇamē ammē kanivin kēdāramē!

O Mère, Source de compassion, sois avec nous
lorsque nous chantons Ta gloire.
O Déesse Sarasvati, répands sur nous Ta grâce,
nous qui T'adorons.

vidyayil ellām anugraham ēkunna
ammaye ñangaḷ stuticchiṭunnēn
vīna dhāriṇī vimalambika nī
nin kṛpa choriyeṇamē ammē kanivin kēdāramē!

O Mère, Toi qui bénis ceux qui étudient,
Toi qui joues de la *vina*, Toi qui es pure,
O Mère, répands sur nous Ta Grâce,
O Source de compassion.

NĪLĀMBŪJA

nīlāmbūja nāyanē ammē nī aṛiññō
ī nīṛunna chittattin tēngalukaḷ (nīlā)

O Mère, Toi qui as des yeux de lotus bleus,
pourquoi n'entends-Tu pas les sanglots
de ce cœur, de ce cœur endolori ?

ētō janmattil cheytoru karmmattāl
ēkāntanāyi ñān alayunnu (nīlā)

Sans doute à cause des actions que j'ai accomplies
dans une vie antérieure, j'erre dans la solitude.

yugānta rangaḷilūṭe ozhuki ñān - ī
yuga sandhyayil piṛannuvīzhān
puṇarnīṭumō... vārī pulkīṭumō
nin maṭittaṭṭil kiṭattīṭumō... ammē
nin maṭittaṭṭil kiṭattīṭumō (nīlā)

J'ai traversé les âges avant d'obtenir cette vie.
Me prendras-Tu dans Tes bras comme une Mère
pour me mettre sur Tes genoux ?

yōgyanallennālum mātāvu putrane/putrine
santyajicchīṭumō yōgadhātrī
vannīṭumō... arikil aṇacchīṭumō
nin kṛpā lēśam tannīṭumō ammē
nin kṛpā lēśam tannīṭumō (nīlā)

Je ne le mérite peut-être pas, O Mère,
mais est-ce une raison pour abandonner
Ton fils/Ta fille ? Me prendras-Tu près de Toi
avec un regard plein de compassion ?

NĪLAMĒGHAṄGALĒ

nīla mēghaṅgaḷē... ningaḷkkiteṅgane
nēṭān kazhiññinnī nīlavarṇṇam ?
vṛndāvanattile nandakumārante
chantamēṛum nīlaśyāma varṇṇam! (nīla)

O sombres nuages, d'où vous vient ce teint bleuté,
pareil à celui de Krishna, le Fils de Nanda,
qui demeure à Vrindavan ?

ningaḷ pōyi kanduvō kaṇṇan āmuṇṇiyē
taṅgaḷil mindiyō, puñchiricchō ?
nīlāravindattēn nētrattāl niṅgaḷe
āpāda chūdham kaṭākṣicchuvō ? (nīla)

Avez-vous rencontré l'enfant Krishna ? Vous a-t-Il parlé ?
Vous a-t-Il souri ? Vous a-t-Il lancé un regard de ses yeux
doux comme le miel et semblables au lotus bleu ?

kaṇṇaninnenmunnil ettumennōtiyō ?
enneyum svāgatam cheyyumennōtiyō ?
en manaśśāntikkāyi niṅgaḷ tan kaikaḷil
nalmozhittēn tellu tannayacchō ? (nīla)

Krishna vous a-t-Il dit qu'Il viendrait à moi aujourd'hui ?
Vous a-t-Il dit qu'Il m'accueillerait ? Vous a-t-Il confié,
pour apaiser mon cœur, quelques paroles douces comme le miel ?

NIN ŌRMAKAḶ

nin ōrmakaḷ mātram en manassil
ennennum moṭṭiṭṭuyarnnunilppū
ammē nin ājñaykkadhīnanākum
enne nī ōrmmichiṭāttatentē ? (nin ōrmakal)

O Mère, c'est Ton souvenir qui sans cesse
occupe mes pensées. Mais Toi, pourquoi
ne Te souviens-Tu pas de moi, Ton esclave,
toujours prêt à T'obéir aveuglément ?

vānilum, mannilum, vānōr puriyilum
tēṭi ñān tēṅgal dhvanikaḷumāyi
nūtana dēhangaḷ nūṟunūrāyiram
ī vidham pāzhāyikozhiññum unnam! (nin ōrmakal)

Dans le ciel, sur la terre, partout où vivent
les hommes, je T'ai cherchée en pleurant.
Et c'est ainsi que j'ai pris naissance
des centaines et des milliers de fois.

kāruṇyamōlunna nin nayanattinte
lāvaṇyalēśam tarāttatentē ?
ven chandrika prabhāpūram parattum
tūmandahāsam viṭarāttatentē ? (nin ōrmakal)

Pourquoi ne me lances-Tu pas un regard plein
de compassion ? Pourquoi Ton charmant sourire
qui rayonne, glorieux, comme la pleine lune,
ne brille-t-il pas ?

NIN PRĒMAM

nin prēmam kondenne unmattanākkuk-
entammē avīṭunnu snēha pūrvam

O Mère, rends-moi fou de Ton Amour !

jñānavum yukti vichāravum kondeni-
kētum prayōjanam undō tāyē (nin prēmam)

Quel besoin ai-je de la connaissance ou de la raison ?

tāvaka prēma śudhā bhujippicchenne
unmattanākki kondālum ammē (nin prēmam)

Enivre-moi du vin de Ton Amour !

bhaktajana manōhāriṇī nī enne
mukkuka nin prēma vāridhiyil (nin prēmam)

O Toi qui dérobes le cœur de Tes dévots,
plonge-moi profondément dans la mer de Ton Amour !

samsāramākum nin bhrāntālayam tannil
ānanda nṛttamāṭunnu chilar (nin prēmam)
ētta muṛakke chirikkunnu kēchana
dukhicchu kēzhunnu mattu chilar (nin prēmam)

Dans ce monde, cette maison de fous qui T'appartient,
certains rient, d'autres pleurent
et d'autres encore dansent de joie.

gaurāngan śrī buddhan yēśu mōsas ivar
nin premōn mattarām puṇyātmakkaḷ (nin prēmam)

Gauranga, Buddha, Jésus et Moïse,
tous sont ivres du vin de Ton Amour.

dhanya mayīṭum tadīya samgālivar
dhanyanākkunna nāḷennu tāyē (nin prēmam)

O Mère, quand serais-je béni ? Quand pourrai-je
goûter la compagnie de tous ces Bienheureux ?

NIṚAMILLĀ

niṛamillā mazhavillē maṇamatta malarē
kanivinnāyennum nī
karayunnō karaḷē... karayunnō karaḷē

Comme l'arc-en-ciel sans couleur ou la fleur
sans parfum, tel est mon cœur : pourquoi pleurer
en implorant Ta compassion ?

vēnalillā maññukālam mātramō ī jīvitam
vēdanayāl nādamatta vīṇakaḷpōlē (niṛamillā)

Ma vie est glaciale, aucune chaleur ne l'anime, elle est pareille
à une *vina* (luth) où ne vibre aucune musique :
seul règne un silence douloureux.

katiravante karam ettā vānamadhyattil
cheṛiyoraruviyuḷḷatil naḷinaṅgaḷ
viṭarāṛundō... viṭarāṛundō (niṛamillā)

Le lotus fleurit-il au fond de la forêt
si le soleil ne peut l'atteindre de ses rayons ?

vānil mēgham kandu kēkikaḷ pīli nivartti
veṛute jalakaṇattinu vēzhāmbal
tapassirunnū... tapassirunnū. (niṛamillā)

Dès qu'il voit les nuages, le paon veut faire la roue et
l'oiseau chataka[3] boire les gouttes de pluie.

[3] L'oiseau légendaire chataka ne boit, dit-on, que les gouttes de pluie. Comme le paon, il est fou de joie à la vue des nuages, mais désespère s'il ne pleut pas. Après une longue quête ne semble-t-il pas vain d'aspirer encore à Dieu ?

NIRMALA SNĒHAMĒ

nirmala snēhamē ninne aṛiyātta
jīvitam entinammā
nitya nirāmayī ninne aṛiyātta
jīvitam entinammā (nirmala)

Amour immaculé, O Mère, à quoi sert cette vie
si on la passe sans Te connaître ?
Déesse éternelle et immuable,
à quoi sert une telle vie ?

nistula snēhamē ninne aṛiyātta
jīvitam entinammā
mōhana rūpamē ninne ninaykkātta
jīvitam entinammā (nirmala)

Amour inégalé, à quoi sert une vie
qui ne Te connaît pas ? A quoi sert une vie
qui ne Te contemple pas,
Toi dont la forme nous enchante ?

mōkṣa sandāyinī ninne labhikkātta
jīvitam dhanyamāṇō...
bhakta jana manōhārinī ninnuṭe
darśanam ēkukillē..... ? (nirmala)

Toi qui confères la Libération, comment sans Toi
ma vie pourrait-elle être comblée ?
Toi qui captives le mental des dévots,
m'accorderas-Tu Ta vision ?

OM BHADRAKĀLĪ

ōm bhadrakāḷī śrī bhadrakāḷī
śaraṇam ennum ēkum dēvīyē - mōhinī
ambikē pāhimām
śrī dēvī... chāmuṇḍī
mēdamēki nin janatte kāttukoḷḷaṇē

O Bhadrakali, Déesse qui toujours donnes refuge,
Mère et enchanteresse, bénis-moi. O Déesse,
Tu as tué le démon Chamunda, protège,
je T'en prie, Tes enfants en leur donnant la joie.

taṅkacchilampaṇiñña nin padāmbujam
anpōṭṭiyangaḷ kumpiṭunnitā
nin kaṭākṣamēki nī anugrahikkaṇē
chaṇḍikē manōharī viśāla narttakī

Nous nous prosternons à Tes pieds de lotus
ornés de clochettes d'or. O Chandika,
Toi qui es magnifique, Toi qui mènes
la grande danse, bénis-nous d'un regard de Ta grâce.

pāṭunnū nin gītam
tēṭunnū nin pādam
dārikante talayaṟutta vīrabhairavī
tāṇu vīṇu kumpiṭunnu kāruṇyāmbudhē

O courageuse Bhairavi, Tu as tranché la tête
du démon Darika, nous chantons Tes louanges
en cherchant Tes pieds. Océan de grâce,
nous nous prosternons à Tes pieds.

ŌMKĀRA BRAHMATTIN

ōmkāra brahmattin nādam tuḷumbunno
rētō prabhā mañjari...... nī
ētō prabhā mañjarī
chārattu vanniṭān mōhicho renne nī
dūrattil ākkiṭollē - ammē
dūrattil ākkiṭollē (ōmkāra)

Bouquet de lumière inconnue qui diffuse le son Om,
Toi qui es l'Absolu, ne me laisse pas loin de Toi,
O Mère, moi qui aspire à venir près de Toi.

ātmānu rāgattin ādhāramā uḷḷa
premō jvalanilayē
premō jvalanilayē
nīkkukil īyivan ēzhayāyi tīrnnupōm
orkkumō jīvanāthē...! (ōmkāra)

Support des âmes qui aspirent à Toi,
Flamme de l'Amour, si Tu me rejettes,
je resterai comme une âme abandonnée.
N'oublie pas cela, O Seigneur de ma vie.
àtmàrppaåattinàyi àgrahamèäi nin

sūnu ñān kēṇiṭunnū...
sūnu ñān kēṇiṭunnū...
nirddōṣiyāmenne mṛtyuvinnayi nī
arppaṇam ēkarutē... ammē
arppaṇam ēkarutē (ōmkāra)

Ton fils pleure pour s'abandonner
totalement à Toi. O Mère, ne remets pas
cet innocent au pouvoir de la mort.

ŌMKĀRA DIVYA PORŪḶE 1

ōmkāra divya porūḷe varū
ōmana makkaḷe vēgam
ōmanayāyi valarnā mayaṅgal nīkki
ōmkāra vastu āyitīru

Venez vite, mes enfants chéris,
vous qui êtes l'essence du Om.
Libérez-vous de toute douleur,
laissez croître en vous l'amour et
devenez un avec la syllabe sacrée Om.

ennile ñān āṇu nīyum pinne
ninnile nī āṇu ñānum
kaṇṇu kāṇāyi keyāl bhinnamāyi tōnnunnu
bhinnam alennāl ī tōnnum

Vous êtes le « je » qui est en moi et je suis
le « vous » qui est en vous. Le sentiment
de la différence vient de l'ignorance.
En vérité, rien n'est séparé.

bhēda vichāram valarnāl manam
māyāntakārattil ārum
mārgum manavum namukāgayāl nammaḷ
āren nada ārān yaṟīyu

Quand le sentiment de la dualité augmente,
le mental sombre dans les ténèbres de l'illusion.
Cherchons donc le Soi et découvrons qui nous sommes
avant que le mental ne perde tout son éclat.

uḷḷa tēkātma svarūpam pakal
allennumilloru bhēdam
tellumagaleyaluḷḷil nirantaram
minni telinyuḷḷa sippū

Seul existe le Soi non-duel, qui ne fait pas
de différence entre le jour et la nuit. Il n'est pas
éloigné mais réside à l'intérieur de nous-mêmes,
resplendissant de tout son éclat.

ātma sarovara nītil
kūlichātma samtṛipti varuttū
śāśvatānanda tinādyam manasine
svāyatem ākkān sramikkū

Trouvez le contentement en nageant dans le lac du Soi.
Pour jouir de la Béatitude immortelle,
tâchez d'abord d'atteindre le Soi.

ninnil alinyenni lākū sadā
ninnil ānandam tireyū
kanmaṣam pōyi janma sāphalya meluvān
nirmmal ātmāvil layikkyū

Perds-toi en ton Soi afin de ne plus faire qu'un
avec Moi, et cherche là le bonheur. Absorbe-toi
dans le Soi pur, afin de dissiper toute douleur
et d'accomplir le but de la vie.

dāsarkku dāsiyān amma
namukilloredam svantamāyi
niṅgaḷ tan antarātmā viṅgalāṇente
svanta sthalam santatavum

Mère est la servante des serviteurs de Dieu :
Elle n'a nulle demeure qui lui soit propre.
Sa véritable demeure est au tréfonds de votre Soi.

picha naṭakunnu niṅgaḷ amma
otu naṭakunnu kūde
uttamarāyuḷḷa makkaḷē niṅgaḷkku
nityadā bodham valarttān

Lorsque vous trébuchez, mes enfants,
Mère marche toujours près de vous
afin de développer en vous
la conscience de l'éternité.

vyomatin nīlima pōle dūre
nīrala pōle maruvil
kāṇum prapañcham verum tonal āṇitu
māya tan jālam ennorkkū

Comme le bleu du ciel, comme l'eau d'un mirage
qui miroite dans le désert, souvenez-vous
que ce monde irréel est produit par la magie de l'Illusion.

tūlya bhāvamkayi varānyāl
namukkilla sukham tellu polum
amma chollu natal kollān kariyukil
uḷḷatuḷḷatil teliyum

Avant d'obtenir l'équanimité parfaite de la vision,
on ne peut pas connaître la joie réelle.
Ce qui EST s'éveillera en vous si vous êtes
capables de vous imprégner des paroles de Mère.

kālam vridāvil ākkolle vanna
kāryam ārum mara kolle
oro nimeṣavum kēvalātmāvine
bodhi padinnāyi sramikkū

Ne perdez pas votre temps,en oubliant le but
pour lequel vous vous êtes incarnés en ce monde.
A chaque instant, tâchez d'être conscients de ce Soi absolu.

nāma mantraṅgaḷ japiche chitta
rāgādi rogam kedutī
dhyāna yōgam tanvasam varuttīdukil
jīvitam dhanyamāyi tīrum

Bénie est cette vie humaine pour celui qui apprend
la technique de méditation consistant à chanter le nom
de Dieu et les mantras du Seigneur ; il guérit ainsi
de la maladie que constituent l'attraction et la répulsion.

tyāgam manasil varānyāl kodum
tāpam varum māya mūlam
āsa tīrāy kilo klēśam erum sarva
nāsam varum bhūvil ārkum

Si le mental n'a pas renoncé, l'illusion
provoquera de grandes souffrances. Si le désir
n'est pas déraciné, il en résultera des malheurs
qui finiront par causer la perte de chacun en ce monde.

snēham āṇīśvara nennu makkaḷ
orkanam uḷḷatil ennum
snēha svarūpate dhyānichu niṅgalum
snēha svarūpamāyi tīrū

Chers enfants, Dieu est Amour : gardez sans cesse
en votre cœur cette sublime Vérité.
En méditant sur l'Incarnation de l'Amour,
vous aussi deviendrez l'Amour incarné.

pāricha chintakal poki makkaḷ
prāpikkanam svātmabodham
sthānamānangalkku sthānamillātmāvil
ātmānubhūti varānyāl

Déposez le fardeau des pensées, accédez à la conscience
de votre véritable Soi. Lorsque la Connaissance intuitive
de votre Soi réel s'éveillera en vous, il n'y aura plus
de place pour l'égocentrisme ni pour la vanité.

lōka śāntiku takāte makkaḷ
jīvitam pārākidollē
jñāna sukha pūvil cherniru nittiri
ten mantra rāgam porikkū

Mes enfants, vaine sera votre vie
si vous ne donnez pas la paix au monde.
Résidant dans la fleur béatifique de la Connaissance,
diffusez doucement le miel de la mélodie du mantra.

nityam etennu darippān
makkaḷ eppozhum mettam sramikū
chitta pūvingaḷ patar nirikum
mōha nidraye nīkki teliyū

Mes enfants, cherchez sans cesse à connaître
Cela qui est éternel. Trouvez l'illumination
en effaçant du mental les ténèbres de l'illusion.

pakṣi mṛigādikaḷ pōle prapañchatil
pirannu chākāte
lakṣyam nirūpichu rachu sammodamo
dulpū vidarttān sramikkū

Ne vous laissez pas piéger comme les oiseaux
et les animaux par le cycle de la naissance
et de la mort. Poursuivez fermement votre But
et tâchez joyeusement d'ouvrir le lotus du cœur.

sattine nannāyi grahichāl ellām
svattāyi mārum namukku

niṣtayil ninnalpam tetti tā teporum
satchidānandam smarikkū

Si vous découvrez l'Essence, chaque chose
deviendra à vos yeux un trésor. Sans commettre
la plus petite erreur dans votre discipline spirituelle,
souvenez-vous de l'Absolu, Être-Conscience-Béatitude.

veshattil alla mahatvam dhana
lābhattil alla prabhutvam
ekāntamāyi manam ekātma vastuvil
ekāgramākān padikkū

La grandeur ne réside ni dans le vêtement
ni dans le pouvoir ou la richesse.
Recherchez la solitude et apprenez à concentrer
votre mental sur le Soi unique.

śuddha hṛdayarāyi kēlkekkal
śraddhayodī tattva sāram
śuddha bhakti pravāha tingal ārukil
apore janma sāphalyam

Chers enfants, écoutez attentivement cette Vérité
essentielle avec un cœur pur. Qui se plonge
dans le flot continu de la pure dévotion
trouve aussitôt le fruit de la vie.

poruka makkaḷe niṅgaḷ vēgam
bheda mattā haricīdān
inamma nalkunna tāharichīdukil
tīra vyatakalum tīrum

Venez vite, chers enfants, et mangez
tout ce que vous désirez. Toutes les souffrances
cesseront si vous mangez ce que Mère
vous procure aujourd'hui.

sāhōdaryatinte tenum pinne
dīnānu kambatan nīrum
āvola mundi vidātmā vilekulla
pāteyum śobhichu kānām

Ici vous trouverez le doux miel de
la fraternité ainsi que le flot de la miséricorde
envers les affligés. Vous pouvez voir aussi
le chemin lumineux qui mène au Soi.

āśrama jīvitum dhanyam ennāl
āśramattil kariyēṇam
ātmāvil āśrayam nedān mika vārnor
āśramattil murukēṇam

Bénie est la vie dans un ashram, aussi devrions-nous
toujours faire cet effort (*a shramam*). Absorbez-vous
dans l'effort excellent qui vous permet de trouver
dans le Soi suprême votre unique refuge.

nārī janatinde munnil ninnu
nānam kunungolla makkaḷ
vēdānta vēdyan padābjatil etuvān
kāminī kāñchaṇam pokkū

Enfants, ne courez pas après les femmes.
Renoncez à « la femme et à l'or » *(La luxure et la cupidité)*
pour atteindre les pieds de lotus de Celui
qui donne la Connaissance védique.

nāri mār niṅgaḷum nēre vēnda
tetennu chinti churachu
pāril anarthada jīvitattil ninnu
pāramārtthyate grahikkū

O femmes, réfléchissez vous aussi et décidez
ce qu'il faut réellement désirer dans cette vie.

Libérez-vous de l'emprise du monde insensé
de la multiplicité et saisissez la Réalité suprême.

alleṅkil ellām orīśan tante
sallīla yānennu rakū
sarvārpanattāl manas ātmavastuvil
sarvadā viśramikkyate

Soyez d'autre part fermement convaincus que
tout est le jeu d'un seul Dieu.
Demeurez toujours dans le Soi
en vous abandonnant complètement à Lui.

makkaḷe niṅgaḷkku vēndi amma
etra janmateyum pūgām
chitta rāgangaḷ koratta millāyikayāl
śraddhichu jīvikya makkaḷ

Enfants chéris, Mère est prête pour vous à s'incarner
ici-bas aussi souvent qu'il le faudra.
Incessantes sont les fluctuations du mental.
Mes enfants, soyez toujours vigilants.

śāśvatānandamte vēgam
makkaḷ sākshātkarikkyān padikū
dhyānicchu sākshāt karikyāte yanyarkka
tekuvān ārkenge nōkkum

Mes enfants, ne perdez pas de temps,
découvrez le chemin qui mène à la Béatitude éternelle.
Celui qui ne l'a pas réalisée à travers la méditation,
comment pourrait-il la transmettre aux autres ?

iṣṭa daivatte bhajikān ārkkum
niṣta venum yatākālam
ātma svarūpa mānennu rachāl tattva
bhaktiku vignamilletum

Chacun peut adorer la divinité de son choix
à condition d'être régulier dans sa pratique.
Si l'on est fermement convaincu que la dévotion
est notre nature réelle, il n'y a aucun mal à pratiquer la dévotion
tout en demeurant établi dans la Connaissance suprême.

tattva mūlatte grahichu bhakti
tattvatil ettunna nēram
muktikyu vere bhajikyāte bhaktiye
bhaktyā bhajikyunnu bhaktar

Lorsque, saisissant ses principes de base,
le dévot accède à la vraie dévotion, alors,
sans plus rien adorer d'autre, il adore uniquement
la Dévotion pour trouver la Libération.

OMKĀRA DIVYA PORUḶĒ 2

omkāra divya poruḷē varū
omana makkaḷe vēgam
ōmanayāyi valar nāmayangaḷ nīkki
omkāra vastuvāyi tīru

Venez vite enfants chéris, vous qui êtes l'Essence divine du Om.
Dissipant toute douleur, grandissez
en vous faisant aimer des autres et devenez un avec la syllable sacrée Om.

mōkṣatil āsa undeṅkil makkaḷ
svārtatā bhāvam tyajikkyū
dīna janatinte tengaḷ dhvanikale
kātuttu kēlkkān śramikku

Mes enfants, si vous désirez atteindre
la Libération, abandonnez tout égoïsme.
Tâchez d'écouter la peine des affligés.

amma tan omal kitāngaḷ makkaḷ
amma chollum mozhikēlkū
ningaḷ ārennonnu ningal aṟiyukil
ningaḷiluntamma yennum

Chers enfants de Mère ! Prenez garde aux paroles
de Mère. Lorsque vous réaliserez qui vous êtes,
alors vous saurez que Mère a toujours été
à l'intérieur de vous.

chetassil pontum vichāram makkaḷ
nerittu kāṇān padikkū
pontunna chintakal chīnti kalañātma
chintayāl chittam telikkū

Mes enfants, apprenez à observer les pensées
qui se lèvent dans votre mental.
Dissipez-les et purifiez le mental
par la pensée du Soi.

chintāpa ratvam vediñu makkaḷ
anta rātmāvil charikkyū
bhogam bhujicāsa tīrumen ārume
pūti vichāri chitenda

Perdez l'habitude de ressasser les pensées
et regardez votre Soi intérieur.
N'espérez pas trouver le calme
en assouvissant les sens.

vyartatā bodham valarttum chintā
grastatayi kantyam varuttū
payitruka sambattil sambannarāyi makkaḷ
pārinna nartham keduttū

Brisez la chaîne des pensées
qui perpétue le sens de la futilité.
Anéantissez les maux du monde
en vous armant du feu de notre riche héritage.

omana makkaḷe ningaḷ amma
otunna tattvam grahichu
jīvitā yodhanam dīramāyi cheyyukil
jīvante satgati nedām

Si après avoir compris les enseignements de Mère,
vous abordez le combat de la vie,
vous pourrez atteindre ce noble But,
apanage de toutes les âmes.

sarvāgama tinte sāram orttāl
ayikama tyatin ninādam
sārattil ātma svarūpa mānāru
mennā vēda sāram grahikkū

Toutes les Ecritures n'ont qu'un seul message : l'Unité.
Toutes déclarent que chacun est ce Soi unique.
Comprendre que tout être est le Soi,
telle est l'essence de l'enseignement des Védas.

oro manal tari polum sadā
samvadikkyunnun dī satyam
svastha chitta tinu kēḷkkāma tin svanam
susthirātmā vinte śabdam

Les grains de sable eux-mêmes,
depuis toujours, proclament cette Vérité.
Le mental apaisé peut entendre cette voix,
la voix du Soi immuable.

ārdrata vēṇam manassil bhakti
bhāsura tayikatu mukhyam

vighnangaḷ ellām vilōpam varum jīvan
mukti katonne sahāyam

La pureté intérieure est la condition préalable
à l'obtention de la dévotion à Dieu.
Grâce à elle, tous les obstacles sont surmontés
et l'âme obtient la Libération.

mumpokke nammaḷ keteṣtam kāttil
svachanda dhyānam nadattām
kātellām vetti teli chinnu martyante
chetassu kātāyi māri

Dans l'ancien temps, on pouvait méditer
dans les forêts sans être dérangé.
Maintenant nous avons détruit les forêts de la terre,
et avons fait de notre mental une jungle.

annatte vanya mṛgangaḷ nammo
tonnichu kūttayi kariññu
innatte vanya mṛgangaḷe polum nām
vellunnu nirdaya vāyipil

En ce temps-là, les animaux sauvages
vivaient en paix avec les sages.
Aujourd'hui, l'homme a bien moins de pitié
que les animaux sauvages.

poya kālangaliḷ ninnum ere
sthūla māni natte lōkam
lakshya meten nariñi kālam niṣtayil
śraddha vēṇam mukti netān

Le monde d'aujourd'hui est beaucoup plus matérialiste
et tourné vers les choses extérieures que dans l'ancien temps.
Pour atteindre la Libération, il faut toujours être conscient
de son but et être très vigilant dans sa *sadhana*.

ātmāsaya tinu vēndi vēṇam
āśrama jīvitam tedān
āśramam sākṣāt karippa talla lakṣam
ātmasākṣātkāra mallo

On devrait mener une vie d'ashram
en quête du seul Soi.
Le but n'est pas de réaliser un ashram,
mais plutôt de réaliser le Soi.

buddhi kondettān prayāsam marttya
yukti kondettān prayāsam
nirmala hṛttil teḷiyum pakal pol
prapañcha sāram makkaḷorkkū

Il est difficile de comprendre la Vérité par l'intellect
ou la raison. Mais rappelez-vous mes enfants,
que dans un cœur pur, l'Essence du monde
brillera comme en plein jour.

vāstavam viśmari kolla makkaḷ
āścharyam kandu nilkolla
sachidānandam vinashtam varum mṛtyu
tottu pinpe yunda torkkū

N'oubliez jamais la Vérité. Ne courez pas après
les merveilles de ce monde. Si vous ne réussissez
pas à trouver l'Être-Conscience-Béatitude,
alors la mort sera proche.

pontāraka pūkkaḷ makkaḷ mannil
minnitil anganam ennum
ningaḷ tan jīvitam kandu vēṇam lōkam
tin makaḷkkayi viṭṭu vārān

Mes enfants, vous êtes des fleurs dorées
pareilles à des étoiles. Vous devriez illuminer

le monde. En vous voyant, le monde devrait
abandonner ses voies mauvaises.

pañchendriya tin pitiyil pettu
vañchita rākolla makkaḷ
pañchendriyangaḷ tan anchinam vastukkaḷ
chinta cheyitā śakti nīkkū

Mes enfants, ne vous laissez pas leurrer
par les cinq sens. Contemplez la Vérité et voyez
comme elle détruit les passions
qui s'élèvent dans votre mental à travers vos sens.

satyāva bodham sphurikkum nēram
ikān matellām nirartham
bhittimel tūngunna chitrangal ennapol
cittil trasippū prapañcham

Quand la Vérité illuminera votre conscience,
tout ce qui est perçu ici-bas deviendra sans importance.
L'univers sera perçu comme une image sur un écran.

neruttu pokuka makkaḷ daiva
snēhattin tīrtha tilāyikayi
ā mahā snēhārnavatil ninnā volam
āchami chāyatāyi tīrām

Enfants, buvez directement
à la source de l'Amour de Dieu.
Que votre cœur s'abreuve à cet océan
d'Amour, qu'il s'abreuve à satiété.

mārki tala rolla makkaḷ sarva
sāhōdaryattvam pularttū
ammayē āśrayi chetunna makkaḷe
amma vetiyu killorkkū

Ayez toujours un sentiment fraternel
les uns envers les autres.
Tachez de ne pas être las, mes enfants.
Souvenez-vous que Mère n'abandonnera pas
un enfant qui prend refuge en Elle.

snēhattin kaikaḷ korukkū makkaḷ
tyāgattin mantram japikkū
jñanattin dīpam teḷichu ninnī lōka
śokattin kūrirul nīkkū

Joignez les mains avec amour.
Répétez le mantra de *tyaga (renoncement),*
allumez la lampe de la Connaissance et
dissipez les ténèbres qui règnent dans le monde.

anga kalattalla daivam sadā
tanna nayattunda kattum
engum nirañum tanullil teḷiñum
ninnellām nadattu natīśan

Dieu est toujours près de nous, en nous.
Il est présent en chaque chose et
les illumine toutes de l'intérieur,
tout est accompli par Lui seul.

nālana tuttān yeriñu daiva
prīti mōhikkunnu marttyan
ī prapañcha tinte ādhāra rūpanā
nālana tuttentu cheyivān

Les gens mendient Sa joie
en lançant un sou à Ses pieds.
Qu'est-ce qu'un sou
pour le Seigneur de ce monde ?

daiva sampat āni tellām nammaḷ
kaiyyata kunnatu maudyam
daiva prītikyāyi nam nalkum dhanangaḷum
daivattin svanta mānorkkil

Tout appartient à Dieu.S'approprier
quelque chose par égoïsme est folie pure.
Souvenez-vous que l'argent que nous Lui offrons
Lui appartient, à Lui et à Lui seul.

arkkannu kannu kandītān nammaḷ
kaittiri kāttentatundo
daivattin svanta dhanatte yetuttu nām
daivattin ekentatundo

Est-il besoin d'allumer une bougie
pour permettre au soleil de voir ?
Pourquoi devrions-nous donner
à Dieu ce qui Lui appartient déjà ?

daiva sahāyam labhippān makkaḷ
sarvam samarpikyū bhaktyā
oronnu mātma svabhāvam pulartunna
tānennu kānān śramīkkū

Abandonnez tout à Dieu dévotement
pour obtenir Son secours. Essayez
de comprendre que tout vient du Soi,
que tout est le Soi.

dēvatā bhāvam katannu makkaḷ
dēvadēvesa nil cherū
jīvante yādima sthānatte bodhichu
bodha svarūpamāyi tīrū

Transcendez l'adoration des divinités et
soyez un avec l'Être suprême.
Réalisant la Source de toutes les âmes,
soyez cette Réalité Elle-même.

tālam pirayikunna jīvan nēre
tārottu porunnu vīndum
vaividhya bhāvam vetiyāyikil makkaḷe
poyalla śokam timarkkūm

L'âme qui joue des notes discordantes
s'effondre. Si vous n'abandonnez pas
le sentiment de la multiplicité,
vous ne pourrez échapper à la douleur.

jīvante pūrna svarūpam śuddha
bodha mānen nariyumbōḷ
pōkānum illa varānum illa nyanum
tānu millellām samatvam

Lorsque la véritable nature de l'âme individuelle
se reconnaît en tant que Conscience pure,
il n'y a plus alors nulle part où aller ni d'où revenir.
Il n'y a plus de différence entre soi et les autres.
Alors toute chose ne fait plus qu'un dans l'Un.

jīvante jīvattva bhāvam viṭṭu
mārā tirikkyum varekum
chetassil pūjichu dhyānikanam
svasvarūpamen ortishta rūpam

Tant que l'on ne s'est pas dépouillé de l'ego,
on doit adorer le Seigneur et méditer
sur sa divinité d'élection, en comprenant
que cette forme est son propre Soi.

nirvyāja pūrvam bhajichāl ārkum
nirvāna saukhyam labhikyum
viśva visāl āntarangatil īśvaran
nityānu vartti tān allo

En adorant le Seigneur tout son cœur
et de toute son âme, on peut atteindre
la béatitude de la Libération. Alors l'Être
universel deviendra notre serviteur éternel.

snēhi chitendavar makkaḷ tammil
krodhichu poko lorālum
pāril parasparam snēhicu jīvichu
jīvante bandhanam nīkkū

Enfants, aimez-vous les uns les autres.
Nul ne doit se fâcher ni s'enfuir.
Vivez en vous aimant les uns les autres, brisez
les chaînes qui retiennent l'âme prisonnière.

sarva dukhangaḷum nalkkū makkaḷ
sarveśvaran tante kālkkal
sarvajñanam sarva sākshiyum ningaḷe
sarvadā samtripta rākum

Enfants, déposez toutes vos peines aux pieds du Seigneur.
Le Seigneur omniscient et tout-puissant.

ŌMKĀRA DIVYA PORUḶE 4

hṛīmkāra mantram muzhakki sadā
pāyum purapōl manassum
nīndoru kīdatte prēmātma sindhuvil
chernnangatāyi tīrnnidatte

En répétant le mantra « Hrim » laissez couler
le mental comme une rivière vers l'océan de l'Amour.
Laissez-le se mêler et s'unir à Lui.

śatyattin nervaritedū makkaḷ
niṣkāma bhāvattilude
buddhiyum yuktiyum mangalettī dāte
mukti mārgattil charikkū

Enfants, libérez-vous du désir et
cherchez la voie juste pour atteindre la Vérité.
Marchez sur le chemin de la Libération,
guidés par un intellect subtil et par la raison.

uḷḷil vēlicham viriyān makkaḷ
uḷḷāl śramam cheyka nannāyi
uḷḷunar nallāte yillātma śāntiye
nullattil orkkanam makkaḷ

Enfants, efforcez-vous intensément d'éveiller la Lumière intérieure.
Mes enfants, rappelez-vous que sans cet éveil,
l'âme ne peut trouver la paix.

niṣkāma bhāvārkka bhāsil svayam
vyaktamāyi kānām svarūpam
svāsthyam manassinnu sādhīppān santatam
svātma vichāram valarttū

Le Soi de chacun peut être clairement perçu
à la lumière de l'absence de désir.

Pour trouver la paix du mental,
persévérez dans la quête du Soi !

chittam samāhitamākkū makkaḷ
chitsukham nedān śramikkū
santāpa nāśavum śāntiyum kaivarān
svānta samatvam varuttū

Enfants, essayer d'obtenir la paix intérieure
par l'unification de la pensée.
Pour atteindre la paix et mettre fin à la douleur,
établissez-vous dans cet état intérieur d'équanimité.

kaipidi chamma nayikkām nīrum
kaivilang ellām arikkām
samsāra vahniyil kāl varutīdāte
kaitannumārgam telikkām

Mère vous prendra la main et vous guidera. Elle brisera
vos chaînes douloureuses. Au milieu du feu de la vie
dans le monde, elle éclairera votre chemin et vous soutiendra,
de peur que vous ne trébuchiez.

tatvārtha bodham valarttu makkaḷ
sachidānandam smarikkū
bhakti pūrvam manas ātmā vilarppichhu
mukti lābham kaivarikkū

Enfants, que votre réflexion se nourisse soigneusement
du Principe suprême. Souvenez-vous de l'Être-Conscience-
Béatitude. Pour obtenir la Libération, consacrez
toutes vos pensées au Soi avec grande dévotion.

dūre vihāyasil engān tangum
daivatte yādarikkyenda
ammaye daivamen ārum karutenda
ningaḷ āränen nariyū

Il n'est pas nécessaire d'offrir son respect à Dieu
en pensant qu'il siège dans des cieux lointains.
Nul besoin non plus de penser que Mère est Dieu.
Vous devez savoir qui vous êtes !

āreyum snēhika sīlam janma
sīlamān amma kyatorkkū
poyyalla mujjanma bandha mundammayil
ettunna makkaḷkku satyam

La nature innée de Mère est d'aimer tous les êtres.
Voici une autre vérité : tous les enfants qui sont venus à Mère
avaient créé des liens avec Elle dans une vie antérieure.

venna polullam teliñāl nannāyi
uḷḷa tullattil teḷiyum
chinmōhan ātmāvu narnnāl prapañchavum
sammōhan ātmasvarūpam

Quand le mental est purifié comme le beurre clarifié,
tout ce qui est réel se reflète à l'intérieur en tant que Lui.
Quand le Soi, voilé par la magie du mental, s'éveille,
l'univers entier devient la merveilleuse forme du Soi.

īśvar ājñāvidhe yatvam vēṇam
ārkkum vipattāke nīngān
ātma viśvāsam ketuttukil makkaḷe
vyartha tāśokam tarakkum

Pour échapper à tout danger, il faut obéir
aux commandements de Dieu. Enfants,
si vous perdez confiance en votre Soi, alors
vous nourrirez le douloureux sentiment de la futilité.

ammatan sārōpadēṣam sravichantara
śuddhi varuttū

makkaḷe ningaḷil nitya sāyujyattin
saddhanya lōkam vilangum

Faites attention à l'essence des conseils de Mère,
et cultivez la pureté intérieure.
Alors mes enfants, le Monde divin de la Félicité éternelle brillera en vous.

munpottu pōkān vitāte māya
pinpottu tallunnu namme
dehātma buddhi yil kālam karikkyunnu
śōkam timarkkunnu hṛttil

Maya, le grand pouvoir de l'Illusion
nous empêche de progresser spirituellement.
Le cœur endolori, nous gâchons notre temps
en nous identifiant avec le corps.

māyāpra lobham varikyāyin ammē
bādhiccho rāsā pisācchi
māyāndha kūpattil vīrttunnu hā kaṣtam
kālanno rūnākki namme

Le démon du désir nous soumet à des tentations illusoires.
Quelle pitié qu'il nous fasse choir dans le sombre abîme de Maya,
où nous devenons la proie du Dieu de la mort.

āsa pisācchin pidiyil pettāl
kaṣtam namukkātma naṣtam
āsa vittīsanil āsavacchāl mana
klēśangaḷ ellām nasikkum

Celui qu'empoigne le démon du désir,
qu'il prenne garde, car il y perdra son âme !
Vos soucis ne prendront fin que si vous renoncez aux désirs
et placez votre espoir en Dieu et en Dieu seul.

ēkānta dukha talarcha tīrān
ēkātma bōdham telikū
ātmāvileka tvabodham talirkkumbōl
tīrum bhayam śōkamōham

Pour dissiper le poids de la solitude,
soyez conscients que le Soi est Un.
Quand cette conscience s'éveille, alors
disparaissent la peur, la douleur et l'illusion.

jīvande yudgatikyāyi vēṇam
jīvippān nām bhūtalattil
oro niśvāsavum lōka śāntikyulla
snēha sandēsa mākatte

Nous devrions vivre sur cette terre
pour l'élévation de notre âme.
Que notre souffle, à chaque respiration
répande dans le monde le message de la paix.

citta viśuddhi varāyikil ārkkum
tatvārtha bodham varilla
tatvārtha bodham varāyikil varillārkkum
nisvārtha sēvana sīlam

Si le mental est impur, nul ne peut saisir
la subtile expérience de la Vérité.
Sans la pureté du mental, il est impossible
d'agir de façon désintéressée.

mantram manassāl japichum manam
ventārakam pōl tēlichum
ārattil ārattil ārnetti yātmāvil
āmagnamāyi mukti netū

En répétant constamment le mantra à l'intérieur,
en donnant au mental l'éclat d'une étoile,

et en plongeant profondément en son l'âme,
on peut atteindre la Libération.

āvatillātāvum munpe ātma
lābhattin ālākumakkaḷ
tātan tanayanum tāyayum toranum
āru millantyattil bandhu

Lorsque vous serez trop vieux, vous ne pourrez plus rien accomplir. Avant que ce moment arrive, trouvez donc votre âme, mes enfants. Sur votre lit de mort, plus personne ne pourra vous sauver, ni père, ni mère, ni femme, ni fils.

dhīrarāyi tīruvān makkaḷ neril
dehātma bodham tyajikū
tīyyil dahikkyunna dēham allātmāvu
tīyinum tīyyānatorkkū

Mes enfants, soyez courageux et
cessez de vous identifier au corps.
Rappelez-vous que l'âme ne peut être brûlée
mais qu'elle est le Feu du feu.

tyāgamānīmannin śakti lōka
śānti yānīmannin siddhi
snēha mānī mannin ojassum vīryavum
jñānamān ātma chaitanyam

La renonciation est le vrai pouvoir sur terre
et la paix mondiale, la vraie victoire en ce monde.
L'Amour est la lumière du monde et
la Connaissance, son âme pure et éternelle.

śāntarāyi chintikya makkaḷ irul
mārānoli vīsidenam
tyāgamen tānaten tennum dharikyaṇam
tyāgattilalo viśrānti

Enfants, réfléchissez tranquillement à ceci :
seule la lumière peut dissiper les ténèbres.
Comprenez ce que veut dire renonciation,
qui seule procure le véritable repos.

vēṇam viśvāsam vinayam ārkkum
vēṇam manassin nadakkam
vēṇam dayāvāyi puvenam nisvārthata
vēṇam balam kṣamā sīlam

Il faut avoir la foi, l'humilité,
un mental discipliné, de la compassion,
du désintéressement, de la force et de la patience.

nānā matangaḷum ammē eka
sārattilekyāyi nayippū
chitrakāran bhinnavar nangaḷāl navya
chitran telikyunna pōle

Les différentes religions nous mènent
au même principe. Ainsi, le peintre utilise
différentes couleurs pour peindre sa toile.

satru tābhāvam tyajikū makkaḷ
mitra mānāru menorkkū
svantam sukham tyajichanyarkku santāpa
śāntiku pāyam tirayū

Enfants, mettez fin à l'inimitié et
pensez que tous sont vos amis.
Tâchez de soulager la peine d'autrui,
fût-ce au prix de votre propre confort.

onnil ninnonnu millanyam ellām
onninde bhinna tābhāvam
anyane tannil ninnanyanāyi kāṇukil
tannil ninnum tānumañan

Rien n'est séparé de l'Un. Tout ce que l'on voit,
ce sont divers aspects de la même Vérité.
Si vous regardez une personne en pensant qu'elle est
différente de vous, vous vous aliénez de vous-mêmes.

daiva tārādhana mākkū makkaḷ
cheyyunna karmangal ellām
daiva niṣedhamāyi cheyyunna karmam tan
kaivilangāne nariyū

Enfants, consacrez toutes vos actions à Dieu.
Sachez que toute action faite contre lui
ne peut que vous enchaîner à l'ignorance.

nirmala mānasarākku makkaḷ
dharma sāram kandariyū
nūtana vastukaḷ nedān durāsakal
eriyā lerum nirāsa

Enfants, purifiez votre mental et
comprenez l'essence du *dharma*.
Si vous perpétuez les désirs néfastes pour des choses
toujours nouvelles, vous serez toujours déçus.

ādaravāyi pode vēṇam lōka
jīvitam nām nayicchīdān
ātmāvil sūkṣmata vēṇam manassil nin
āsakal verattu ponam

Nous devrions avoir en ce monde une attitude de respect.
Soyez conscient de votre être réel,
et déracinez les désirs de votre mental.

tatvam grahikyunna buddhi bāhya
svattil bhramikkilla tellum
chittum jadavum tiri chariyāttavar
cattapol jīvippu kaṣṭam

L'intellect qui connaît la Vérité ne se laisse pas
influencer par les richesses extérieures.
Ceux qui ne peuvent pas discerner entre la matière
et la Conscience sont des morts vivants.

chaitanya mātramānengum jadam
sādhu vallennāl namukku
sādhan ārambhattil vēṇam valarchakkyāyi
chijjada bhāva vichāram

Bien que le monde ne soit que Conscience et
que la matière n'ait aucune importance,
aux débuts de la pratique spirituelle, il faut
dans notre propre intérêt user d'un intellect
sachant discerner entre les deux.

veda vedāntangal ellām tannil
tāne teḷiyum pakalpōl
dhyāna nilīnam vilangunna cetassil
jñānāmritam churannīdum

Le Nectar de la connaissance jaillira
du mental absorbé en méditation ;
les Védas et les Upanishads l'illumineront
de l'intérieur aussi clairement que la lumière du jour.

antarālam chuttunīri daiva
chinta cheytandata nīkkū
tannullin uḷḷil ullātma svarūpanil
nannāyi samarppanam vēṇam

Dissipez les ténèbres de l'ignorance
en pensant à Dieu avec un cœur ardent.
Il est nécessaire de s'abandonner totalement à cet Un
qui réside en nous sous la forme de notre Soi.

kāruṇya rūpan kaniñāl janma
sāphalyamā yennaṛiyū
ātmārtha bhakti yodāśrayi kyunnavar
kīśvaran śāśvatānandam

Sachez que si Celui qui est miséricordieux vous agrée,
votre vie sera comblée. Pour ceux qui prennent
refuge en Lui avec une sincère dévotion,
Dieu est Béatitude éternelle.

ŌMKĀRA MENGUM

ōmkāra mengum muzhangi ṭunnū
ōrō aṇuvilum māttoliyāyi
ōtuka chitta maṭakki nannāyi
ōm śakti ōm śakti ōm śakti ōm

Le son Om résonne partout
comme un écho dans chaque atome.
Le mental en paix, chantons « Om shakti »

valutāyikkāṇum prapañchamellām
viravil vṛthāyen aṛiññiṭumbōḷ
varavāyi ninne aṛiyuvānāyi
varadēvatē! viśva vandīyē!! (ōmkāra)

O Toi, si noble, Toi que l'univers adore,
on ne peut Te connaître avant d'avoir compris
que cet univers, que l'on pensait si merveilleux,
est en fait sans valeur.

aṇapoṭṭi ozhukunnu śoka bāṣpam
tuṇayamba mātramāyi tīrnni tippōḷ
vṛṇatuchcha bhōgam tyajicchivanē
aṇikaramēki anugrahikkū (ōmkāra)

Des larmes de douleur me submergent,
Mère est maintenant mon seul support. De Tes mains si belles, accorde-moi Ta bénédiction, à moi qui ai renoncé aux plaisirs tristes et sans valeur du monde.

keṇivaccha laukikā śakti ellām
paṇamōha jvālayil keṭṭaṭaṅgum
tṛṇavatkkarikkunnu yōgi vṛndam
kṣaṇa nēra sukham ēkum mṛga jīvitam (ōmkāra)

Tous les désirs trompeurs du monde sont consumés par le feu de la folie des richesses. En vivant comme des animaux, nous obtenons des plaisirs éphémères, qui aux yeux des yogis n'ont pas plus d'importance qu'un brin d'herbe.

bhava kānanāgni bhayannu vannu
bhaya bhañjinī nin padamaṇaññu
bhavatāriṇī nī veṭiññu vennāl
bhuvanattil entināyi vāṇiṭēṇam (ōmkāra)

Le feu furieux de la transmigration nous a emplis de crainte.
O Toi qui détruis la peur, nous avons approché Tes pieds.
O Toi qui nous aides à traverser cet océan du devenir,
si Tu m'abandonnes, quelle raison ai-je de vivre en ce monde ?

mṛti bhayameṅgō maṛaññu pōyi
mṛṇmaya kāntiyil āśayum pōyi
smara harakānti kalarnna ninmeyi
smaraṇam nirantaramāyi varēṇam (ōmkāra)

Je n'ai plus peur de la mort !
Je n'ai plus de désir pour la beauté physique !
Que le souvenir de Ta forme, qui brille de la Lumière de Shiva, demeure constant en moi.

uḷḷil niraññu kaviña dīptī
munnil teḷiyunna nāḷ varumbōḷ
unmatta bhaktiyāl nin rūpakāntiyil-
onnāyicchērnnu layikkumallō (ōmkāra)

Quand la lumière intérieure submergera le dedans
et le dehors, et qu'elle brillera devant moi,
alors, ivre de dévotion, je m'unirai à Ta forme si belle.

aḷavattu kāṇān koticcha rūpam
azhakellām onnāyuraññukūṭi
atulita saundaryamāyi varunnu
alatallun ānanda bāṣpa dhāra. (ōmkāra)

Voir cette forme était mon plus cher désir.
Tous les aspects de la beauté se sont cristallisés
pour donner cette incomparable Beauté.
Et maintenant, je suis submergé par les pleurs.

ORU NĀLIL ÑĀN EN

oru nāḷil ñān en kaṇṇane kāṇum
oru gāna mādhuri kēḷkkum
ōmana chundukaḷil ōṭakkuzhalumāyi
ārōmal kaṇṇanen munnil varum (oru nāḷil)

Un jour, je verrai Kanna (Krishna) et j'entendrai Son chant divin.
Devant moi apparaîtra mon Krishna adoré, portant
à Ses jolies lèvres, Sa flûte merveilleuse.

annente janmam saphalamākum
annu ñānānanda magnanākum
unmattabhakti tan uttunga sīmayil
ninnu ñān ānanda nṛtta māṭum (oru nāḷil)

Ce jour-là, le but de ma vie sera accompli et
je plongerai dans la Béatitude.
Ivre de joie, au sommet de la dévotion,
je danserai dans la Béatitude divine.

ī jīva rāśikaḷkkādhāramāyiyuḷḷōr-
īśanalle jagat pālakanē
īṣalum kāla viḷambamenyē
īśvarā ninne ñān kandiṭaṭṭē (oru nāḷil)

Toi qui soutiens l'univers, O Seigneur,
n'es-Tu pas le substrat de tous les êtres !
O Dieu, sans plus attendre, laisse-moi Te voir !

ORUNĀLIL VARUMŌ

orunālil varumō hṛdaya śri kōvilil
orikkalum aṇayātta dīpavumāyi
atināyiṭṭaṭiyan alayunnitammē
alaukikānandamē ammē
alaukikānandamē

Viendras-Tu un jour sur l'autel de mon cœur,
avec une lampe à la flamme inextinguible ?
Ce suppliant n'a plus d'autre désir,
O Mère de la Béatitude céleste.

uyarangaḷil ñān umayettēṭi
urukunna chittavumāyi
tazhukīṭum nin karavalliyāl dēvi
tarumō nin kṛpa iniyum ? (oru nāḷil)

J'ai cherché la Déesse Uma sur les sommets.
O Dévi, bénis-moi d'une caresse de Tes douces mains,
bénis-moi. O Mère, quand me prodigueras-Tu ta grâce ?

taḷarunnu ñān, takārate
taṇalēkū mama janani
amarunnu nī ennil eṅkilum
aṟiyunna nāḷ varumō ? (oru nāḷil)

O Mère, donne-moi refuge car je n'en puis plus.
S'il est vrai que Tu demeures en moi, quand viendra
donc le jour de la Réalisation ?

ORUTUḶḶI SNĒHAMEN

oru tuḷḷi snēhamen jīvasantuṣṭikkāyi
varaḷunnī hṛdayattin ēkukammē
entināṇ entināṇ eriyunna tīkōri
kariyunnī vallikku vaḷamiṭunnu

O Mère pour que ma vie soit comblée,
d'une goutte de Ton amour, apaise mon cœur en feu !
A quoi donc sert d'avoir jeté ce feu violent ?
Est-ce pour nourrir cette liane desséchée ?

poṭupoṭe poṭṭikkaraññu ñān etrayō
chuṭu kaṇṇīr nin munnil arppicchu pōyi
neṭu vīrppil mātram otuṅgippiṭayum en
uṭaltiṅgum karaḷ viṅgal kēḷkkunillē (orutuḷḷi)

Je pleure à chaudes larmes.
Combien de sanglots T'ai-je déjà offerts ?
N'entends-Tu pas mon cœur qui bat,
exhalant son angoisse en soupirs mal éteints ?

pāṭē paṭarnnorā chandanakkāṭatilūṭe
kaṭan agni nṛttamāṭi
īṭum balavumī śōkāgniyil
takarnnōṭāyi teṟikkān ninnacchiṭollē (orutuḷḷi)

Ne laisse pas le feu embraser la forêt des arbres de santal !
Ne laisse pas les flammes de la douleur éclater et
voler partout comme des tuiles meurtrières !

durga durgēti japicchenmati mattu
mārgaṅgaḷ okke maṛannu dēvī
svargavum vēndāpavargavum vēndente
durgē nin nirmala bhakti mātram (orutuḷḷi)

« Durga, Durga » : à chanter Ton nom,
O Déesse, j'ai oublié tous les autres chemins.
O Durga, je n'aspire ni au Ciel, ni à la Délivrance.
Je ne veux que l'amour, le pur amour pour Toi !

PAKALANTIYIL

pakalantiyilettī nēram entammayingettiyilla,
taniyāyirunniṭuvān
bhayamundivanen jananī...
bhayamundivanen jananī... (pakalanti)

Le jour approche de sa fin
mais ma Mère n'est pas venue.
J'ai peur de m'asseoir seul, O Mère.

karaḷnontivanetranēram
vilapicchalaññiṭunnu...!
iruḷvīśiyippāriṭattil
tuṇayārivanen jananī...
tuṇayārivanen jananī... (pakalanti)

Combien de temps ce cœur endolori
va-t-il pleurer de désespoir ?
Qui donc va me tenir compagnie, O Mère,
en ce monde plongé dans les ténèbres ?

kaḷiyennu ninappatō, nin
ninavonnumaṟiññatillī-
gativannatinentubandham
tiru ṇāmam uracchiṭāññō... ?
tiru ṇāmam uracchiṭāññō... ? (pakalanti)

Est-ce un jeu pour Toi ? S'il en est ainsi,
je ne comprends pas Ton point de vue.
Pourquoi un tel sort ? Est-ce parce que
je n'ai pas prononcé Ton nom sacré ?

azhalārnni vaneppozhum nin
padatāru tiraññiṭunnū
tarikennuṭe hṛttaṭattil
mṛdu bhakti sudhārasatte...
mṛdu bhakti sudhārasatte... (pakalanti)

Le cœur endolori, je cherche Tes pieds de lotus.
Fais goûter à mon cœur le doux nectar de la dévotion.

PĀLKKAṬAL NAṬUVIL

pālkkaṭal naṭuvil vāsam, dinavum
pāl mōṣaṇa parihāsam
kaṇṇanu kārmukil niṟamāyippōyatu
kākōḷastanamundatinālō
kāḷiya damśanam ēttatumalla
kāḷiye mēcchu kaṟuttatu tanne

Toi qui demeure au milieu de l'océan de lait,
Tu fus tourné en ridicule pour avoir volé du lait !
Comment le teint de Kanna est-il devenu sombre ?
Il n'a pourtant pas été mordu par le serpent Kaliya.
Son teint a foncé en faisant paître les troupeaux.

maṇṇu bhujicchatu koti kūṭīṭṭā-
ṇaṇḍakaṭāham kāṭṭānalla
maṇṇinu tendi naṭannoru vāmanan
undō baliyuṭe dharmam ? kaṇṇā

Il a mangé de la boue par gourmandise, et non pour montrer
à sa mère Yashoda l'univers entier contenu dans sa bouche.
Comment Vamana, venu mendier trois pas de terre,
pourrait-il accepter la charité de Mahabali ?

pandoru pōril tōttōṭiyatil
kuṇṭhitam ivanundatu pōkaṭṭe!
pāṇḍava patnikkēkiya vasanam
kandāl gōpikaḷ pazhi paṛayūllē ?

O Krishna, j'oublierai Ta fuite sur le champ de bataille.
Les gopis, (*dont Tu dérobas un jour les vêtements*),
seront-elles choquées en voyant que, pour secourir
Draupadi, Tu as donné à son sari une longueur infinie[4] ?

sandīpaniyuṭeyavil nalkāññattilentī
priya sakhanōṭu piṇakkam ?
tīyuṇmān paśiyēttam kaṇṇanu
chīrayilattari mṛṣṭānnam!

Tu Te disputas avec Kuchela lorsqu'il oublia
de T'offrir le riz battu par son guru.
O Krishna, poussé par la faim, Tu es capable de manger du feu.
Et pourtant, une feuille d'épinard donnée par Draupadi,
mangée de bon appétit, a suffi àTe rassasier.

[4] Episode du Mahabharata où les Kauravas tentent d'humilier Draupadi en la dévêtant devant toute la cour assemblée. Draupadi prie Sri Krishna qui la protège en donnant à son sari une longueur interminable.

PARAMAŚIVA MĀM PĀHI

parama śiva mām pāhi
sadā śiva mām pāhi
śambhō śiva mām pāhi
parama śiva mām pāhi

akṣara lingā pāhi mām
avyāya lingā pāhi mām
ākāśa lingā pāhi mām
ātmā lingā pāhi mām

hara hara hara mām pāhi
śiva śiva śiva mām pāhi
hara hara hara hara hara hara mām pāhi
śiva śiva śiva śiva śiva śiva mām pāhi

parama śiva pāhi mām
amṛta lingā pāhi mām
advaya lingā pāhi mām
chinmaya lingā pāhi mām

hara hara hara mām pāhi
śiva śiva śiva mām pāhi
śankara pāhi mām
śankara pāhi mām

akṣara lingā pāhi mām
avyāya lingā pāhi mām
ākāśa lingā pāhi mām
ātmā lingā pāhi mām

Toi qui es auspicieux, protège-moi !
Toi qui es toujours propice, protège-moi !
O Shiva, Source de tout le manifesté, protège-moi !

akṣara	Indestructible
lingā	Symbole de l'Absolu
avyāya	Incorruptible
ākāśa	Éther
ātmā	Soi
hara	Destructeur
amṛta	Immortel
advaya	Non-duel
cinmaya	Présence absolue

PARASAHASRA

parasahasra hṛdayangaḷil dhyānikkunnū
paramahamsa chittil sadā jvalichuyarnū

O Toi sur qui méditent des milliers de cœurs, Tu embrases à jamais le cœur de ceux qui ont réalisé Dieu.

mana maṛiññu madamakatti malarchoriyū... ammē
makane ninte rūpam kāṭṭi mālakattuka (para)

Connaissant mon cœur comme Tu le connais,
délivre-moi de l'ego en me lançant des fleurs, O Mère,
montre Ta forme à Ton enfant, délivre-moi de la douleur.

jani maraṇam rōgam duḥkham patanamaihikam
mātti charaṇatalam chērānāyi kanivunalkaṇam (para)

Délivre-moi de ce monde fait de naissance et de mort,
de maladie, de souffrance et d'humiliation, montre-Toi
miséricordieuse, que je puisse m'unir à Tes pieds.

akhilaśakti nalkū dēvi ninne vāzhttān
bhajanamentennaṛiyāttavanil oḷivitaṛēṇam (para)

O Déesse, répands sur moi Ta lumière et donne-moi
la force de Te louer, moi qui ne sais pas prier.

vijanamāya dēśam pūki tiriyumennālum... ammē
mōhanamīdṛśyamupēkṣicchengane vāzhum (para)

Comment pourrais-je vivre en laissant ici Ta divine beauté
et aller en un lieu solitaire Te chercher à l'intérieur de moi ?

varika hṛttil nṛittamāṭi tarika darśanam... ammē
lahariyilāzhaṭṭe kāḷidāsaneppōle (para)

O Toi qui danses en mon cœur, laisse-moi comme Kalidasa
être ivre de Dieu, accorde-moi Ta vision.

PARĀŚAKTI

parā śakti param jyōti
parāt parē rādhē dēvī

O Energie suprême, Lumière suprême,
Être suprême, Mère divine Radha.

jaya rādhē jaya rādhē
rāsa rāsēśvari priya priya

Gloire à Radha ! Déesse de la danse Rasa,
Bien-aimée du Bien-aimé.

jaya rādhē jaya rādhē
rādhē śyām rādhē śyām

Gloire à Radha !
O Radha et Krishna.

PARIHĀSA PĀTRAMĀYI

parihāsa pātramāyi māttunnu enne nī
paribhavam illenikkammē
padatāren hṛdayattil patiyum bōzhundākum
paramānandam keṭuttallē.. .. (pari)

Bien que Tu m'aies couvert de ridicule,
O Mère, je n'ai aucune plainte à formuler.
Ne dissipe pas la Béatitude que je ressens
lorsque Tes doux pieds reposent sur mon cœur.

mānābhimānagaḷ sarvam tyajicchente
mātāvē nin darśanārtham
mangāte nin rūpa lāvaṇyamen chittil
tingi vazhiyunna tennō (pari)

Pour obtenir Ta vision, O Mère, j'ai sacrifié
mon honneur et l'opinion que j'avais
de moi-même. Quand viendras-Tu submerger
mon cœur de Ta beauté ?

ñān enna bōdham naśicchorā sārūpya
bhāvam pakarunna tennō
yāminiyum pakalum maṛannānanda
sāgaramāzhunna tennō (pari)

Quand mon ego sera-t-il éteint ?
Quand pourrai-je m'identifier à Toi ?
Quand pourrai-je plonger dans l'Océan
de la béatitude, oubliant le jour et la nuit ?

jñāna millāttorī gānam sravicchu nī
kāruṇya mōṭezhunneḷḷū
chāravē vannonnu puñchiricchīṭukil
chētam ninakkilla tellum.. ... (pari)

Toi qui es pleine de compassion,
écoute cet humble chant.
Qu'as-Tu à perdre si Tu viens à moi avec Ton doux sourire ?

PARIṆĀMAM IYALĀTTA

pariṇāmam iyalātta paramēśvarī - en
paritāpa makalān nī kaniyēṇamē
purameyta paramēśan patiyallayō en
puramē ninniruḷ nīkkān aruleṇamē

Toi l'Immuable, la Déesse suprême, libère-moi
de la douleur. N'es-Tu pas la parèdre de Shiva,
qui réduisit en cendres les trois cités ?
Daigne dissiper les ténèbres.

iruḷinnu pakalenna vidhiyillayō - ī
iruḷiṭṭa hṛdayam nī aṛiyillayō
itaḷellām aṭarunna malar pōle nāl
iṛunneṅṅō maṛayunnu varikillē nī (pariṇāmam)

La nuit ne reçoit-elle pas la visite de la pleine lune ?
Ignores-Tu les ténèbres de mon cœur ? Les jours
s'en vont comme tombent les pétales d'une fleur,
et pourtant Tu ne viens pas.

cheṛuvallikkabhayam van maramallayō - ammē
cheṛukuññintabhilāṣam nīyallayō
cheyyēndataṛiyilla ivalkkambikē
chērnnīṭānagatīykku tuṇayēkaṇē (pariṇāmam)

O Mère, un arbre immense ne sert-il pas de support
à une petite plante grimpante ? N'es-Tu pas ce que
désire vraiment un petit enfant ? O Mère, je ne sais pas
ce qu'il faut faire, aide donc ce désespéré à s'unir à Toi.

taḷarnninnī marubhūvil maruvunnu ñān ammē
taramillaṅgarikattil izhaññīṭuvān
tiriññente gatikandaṅgarikattu nī
tiru pādagatiyēkū sarvēśvarī (pariṇāmam)

O Mère, je m'écroule épuisé dans ce désert,
incapable de me traîner jusqu'à Toi.
O Déesse de toute chose, vois quel est mon sort !
Prends pitié de moi ! Que Tes pieds soient mon refuge !

PAURṆAMI RĀVIL

paurṇami rāvil vāniludikkum
vārttiṅkaḷ prabha nīyalle... ammē
vārttiṅkaḷ prabha nīyalle
surabhila malar maṇi mañjalil aṇayum
vasantarāvum nīyallē

N'es-Tu pas la splendeur de la pleine lune
qui brille dans le ciel ?
N'es-Tu pas la nuit du printemps qui arrive
dans un palaquin charmant, parfumé et fleuri ?

tampuruvin mṛdu tantriyil uṇarum
sundaranādam nīyallē
kaviyuṭe kalpana ūññālāṭum
taraḷita gānam nīyallē - ammē
taraḷita gānam nīyallē

O Mère, n'es-Tu pas le son magnifique
qui s'éveille sur les douces cordes de la tambura ?
N'es-Tu pas les poèmes lyriques
dans lesquels joue l'imagination du poète ?

ēzhu niṛaṅgaḷil ēzhu svarangaḷil
onnāyi chērnnatu nīyallē
pūvin maṇavum mazha villazhakum
kāttin kuḷirum nīyallē - ammē
kāttin kuḷirum nīyallē

N'es-Tu pas cet Un dans lequel se fondent
les sept couleurs et les sept notes ?
N'es-Tu pas le parfum de la fleur,
la beauté de l'arc-en-ciel et la fraîcheur de la brise ?

PIZHAYENTU CHEYTU

pizhayentu cheytu ñān ammē
ēzhayām nin makan pizhayentu cheytū

O Mère, quelle erreur ai-je donc commise ?
Quelle erreur Ton pauvre fils a-t-il commise ?

aḷavattu mōhikkunnilla, nin
darśana bhāgyam koticchu ñān
atinum taṭassangaḷ nī dēvī
entinu sṛṣṭicchu lōka mātē... (pizhayentu)

Je ne désire pas grand chose,
seulement avoir la grâce d'obtenir Ta vision.
O Déesse et Mère du monde, pourquoi as-Tu,
même pour cela, inventé des obstacles ?

abhayam teṭi vannaṭiyan ammē
aśaraṇa nāmī nindya putran
anpuḷḷa ambikē tāyē nī
kanivōṭu śaraṇam tāyē (pizhayentu)

O Mère, ce malheureux, ce mauvais fils
est venu chercher refuge en Toi, désespéré.
O Mère, Mère si aimante, fais preuve
de compassion et sauve-moi.

śaraṇam śaraṇam nin charaṇam śivē
nī yallātilla vēṛe śaraṇam
nin pādapatmam namiykkān aṭi anu
anugraham ēkaṇē karuṇāmāyē (pizhayentu)

Tes pieds sont mon refuge, oui mon refuge.
Il n'existe aucun autre refuge que Toi.
Pour me permettre de me prosterner à Tes pieds de lotus,
bénis ce suppliant, Toi qui es miséricordieuse.

PŌVUKAYĀYŌ KAṆṆĀ

pōvu kayāyō kaṇṇā nīyum
pōvu kayāyō kaṇṇā
jagattitil sarvarum kaivetiññu
pōvu kayāyō kaṇṇā

Kanna, où T'en vas-Tu ? Tout le monde m'a délaissé.
Vas-Tu, Toi aussi, m'abandonner ?

nīlamaṇi pole mānasa cheppil
ninne sūkṣikkān koticchu...ennum
archana cheyyān koticchu...kaṇṇā

Je voulais Te garder dans le sanctuaire de mon cœur tel
un joyau bleu, pour T'y adorer chaque jour, O Kanna.

nin rūpa nīla katalinte ārattil
muttu perukkā nāsicchu...prēma
muttu perukkā nāsicchu...kaṇṇā

O Kanna, je voulais plonger dans les profondeurs
de l'océan de Ta forme pour y récolter les perles de l'Amour.

ānanda pakṣiyāyi nī virājikkave
ninnil aliyān koticchu...kaṇṇā
en jīva dukha vihagam..kaṇṇā

Lorsque Tu prends la forme de l'oiseau de Béatitude,
le triste oiseau de ma vie désire s'unir à Toi, O Kanna.

PRABHU MĪŚAM

prabhu mīśam anīśam asēṣa guṇam
guṇa hīna mahīṣa garā bhāraṇam
raṇa nirjjīta durjjaya daitya kulam
praṇa māmi śivam śiva kalpa tarum

giri rāja sutāñjita vāma talam
tanu nandita rājita kōṭi vibhum
vidhi viṣṇu śirōdhṛta pāda yugam
praṇa māmi śivam śiva kalpa tarum

sāmba śiva hara sāmba śiva
mahādēva sāmba śiva
mahādēva sāmba śiva

śaśa lañjita san makuṭam
śaśi lajjita sundara mukti padam
sura saivali nikruta bhūjadam
praṇa māmi śivam śiva kalpa tarum

nayana traya bhūṣita chāru mukham
mukha patma parājita kōṭi vibhum
vibhukaṇṭha vimaṇḍita phāla taṭam
praṇa māmi śivam śiva kalpa tarum

sāmba śiva hara sāmba śiva
mahādēva sāmba śiva
mahādēva sāmba śiva

mṛga rāja nikētana mādi gurum
garaḷāśana madi visāla dharam
prama thādhi pa sēvakarañjanakam
praṇa māmi śivam śiva kalpa tarum

śivā.... sambhō.. .. śivā
harā.... sāmbaśivā ...
harahara hara hara sāmba śivā

makaradhvaja mattatanga haram
kari chārmmaka nāga vibōdha karam
vara margaṇa sūla visāladharam
praṇa māmi śivam śiva kalpa tarum

jagadutbhava pālana nāśa karam
vita śaiva sirōmaṇi sṛṣṭaparam
priya mānava sādhu janaika hitam
praṇa māmi śivam śiva kalpa tarum

anādam sudīnam vibhō viśva nātham
punarjjanma duhkhāt parī trāhi śambhō
smara kōkila duḥkha samūha haram
praṇa māmi śivam śiva kalpa tarum

mahādēva mahādēva sāmba śiva
śambhō mahādēva sāmba śiva
hara hara hara hara sāmba śiva
śambho śivā...
sadā śivā...
bhōlā sivā ...
sambasivā...

karppūra gauram karuṇāvatāram
samsāra hāram bhūjagēndra hāram
sadā vasantam hṛdayāravindē
bhavam bhavānī sahitam namāmi

śamba sadā śiva śamba sadā śiva
śamba sadā śiva śamba śiva
śiva sambhō hara hara mahādēvā
śiva śiva sambhō hara hara mahādēva

PRAPAÑCHAM ENGUM

prapañcham eṅgum niṛaññu nilkkum
māyā pratibhāsamē.... māyā pratibhāsamē
prabhāmayī en manassil nīyoru
prabhātamāyi varumō ennum
prabhatūki ninnīṭumō

Apparence illusoire qui baigne tout l'univers,
O Splendeur, ne Te lèveras-Tu pas dans mon mental
en y répandant à jamais Ta lumière ?

nin snēha vātsalyamāvōḷam nukarum ñān
nin chārattaṇayumbōḷ....
nin divya tējassil muṅgumbōḷ en mana -
klēśam ellām akalum - en manaḥ
klēśam ellām akalum - en manaḥklēśam ellām
akalum (prapañcham)

Ma soif sera étanchée si je bois Ton amour et Ton affection maternelle.
Le désespoir qui m'habite disparaîtra si je viens près de Toi
et plonge dans Ta divine Lumière.

ādhāra bindhuvām ninne tiraññu ñān
etra nāḷāyi alayunnū......
ātmāvil ānandam ēkuvān en ammē
en munnil ettukillē ammē
en munnil ettukillē (prapañcham)

Pendant combien de jours ai-je erré en Te cherchant,
Toi, le cœur caché de toute chose ?
O ma Mère, ne viendras-Tu pas m'accorder
la béatitude du Soi, O Mère, ne viendras-Tu pas ?

PRATILŌMAŚAKTITAN

pratilōmaśaktitan karinizhal mūṭiyen
hṛdayakavāṭam aṭayunnuvō... ? ammē
vijayapratīkṣatan chiṛaku taḷarnninnu
vilakeṭṭatāyi tīrnnuvō... ? janmam
vilakeṭṭatāyi tīrnnuvō... ? (pratilōma)

Les portes de mon cœur sont bloquées
par les forces négatives.
O Mère, les ailes de l'espoir et de la victoire
sont fatiguées et la vie a perdu tout son sens.

Paramārttham aṛiyāttor aṛiventinu... ? ninte
padatārilaṇayātta vāzhventinu... ?
'uṭalaham' perukunna matiyentinu... ? ninte
azhakāsvadikkātta mizhiyentinu... ? (pratilōma)

A quoi sert un savoir qui ne révèle pas l'ultime Vérité ?
A quoi sert la vie, si elle ne mène pas à Tes pieds de lotus ?
A quoi bon l'intellect, si à cause de lui nous nous identifions au corps ?
Inutiles ces yeux qui ne peuvent jouir de Ta beauté !

iruḷil ninnātmāvu' teḷivuttuyarnnu nin
anavadyakāntiyil vilayikkuvān - ammē
mātṛsnēhattinte amṛtaraśmikaḷente
hṛdayattil viriyiykkummō...
hṛttil putuveṇma viriyiykkumō ? (pratilōma)

Les rayons de Ton amour maternel pourront-ils
apporter une lumière nouvelle à mon cœur,
afin que mon âme triste et sombre se fonde
dans Ta beauté éclatante et immaculée ?

PRĒMA PRABHŌ LĀSINĪ

prēma prabhō lāsinī... dēvī...
mātāmṛtānandinī...
prōllasal puñchirittūmalarttēnmazha
kōrichoriyum prabhānandinī... (prēma)

O Déesse, Tu jouis de la béatitude immortelle,
le rayonnement de l'amour fait Tes délices, et de la fleur
de Ton sourire jaillit la Lumière de la béatitude.

pāpabhayam puraḷāttoru jīvitappāta
tiraññu varunnavare
prēmattōṭamṛtānandappuzha
ōḷattāl tazhukunnavaḷ nī (prēma)

Tu es Celle qui, avec les vagues de la béatitude éternelle, caresse ceux
qui cherchent le chemin d'une vie que la crainte du péché n'effleure pas.

subhalābha pradamākum
paramātma prabhatiṅgippotiyum
nin bhavanāśappada tāratil
praṇamikkum hṛdayattil avināśa prabhatūkū
sakalātma sudhayil ñān vilayicchīṭān (prēma)

Tes pieds de lotus baignent dans la Lumière du Soi,
ils confèrent de bons auspices et détruisent les liens du devenir.
Illumine-moi de cette Lumière indestructible, Toi que mon cœur vénère, afin que je me fonde dans le Soi universel.

RĀDHĀ RAMAṆA

rādhā ramaṇa māma hṛdayēśā
ārtti vināśana nikhilēśā
en mānasamatil maruvīṭunnatu
chinmāyanākiya nīyallē

O Toi l'Aimé de Radha, le Seigneur de mon cœur,
Toi qui détruis la douleur, Support du monde,
n'est-ce pas Toi seul, Incarnation de la conscience
qui T'es emparé de mon mental ?

sukhavum śāntiyum āṟivum ninavum
tikavum bhavana vibhūtikaḷum
innivanīvaka mikavu samastam
tannu tuṇacchatu nīyallē

Le plaisir et la paix, l'intellect et le mental,
tous les biens de la maison et les moyens d'existence,
n'est-ce pas Toi qui m'as béni de tout cela ?

bhūvanam mūnnilum ivanilloruvarum
avanam cheyvatu nīyenyē
ihaparamāyatum guruvaranāyatum
jananiyumāyatum nīyallē

Dans les trois mondes, il n'y a que Toi
qui puisse me sauver. Pour moi,
Tu es ce monde et le monde au-delà,
Tu es mon guru et ma Mère.

nityānanda vidhāyakanāyum
nityōpāsita dēvatayāyum
hṛdyōpāyamupēyavumāyum
vidyōtīppatu nīyallē

Tu donnes la béatitude éternelle.
Tu es Cela qui est éternellement adoré.
Tu es le But de la vie, le moyen de l'atteindre
et la lumière de la Connaissance.

RĀDHE GŌVINDA GŌPI

rādhē gōvinda gōpī gōpāla
gōvinda gōpāla hē nandalālā
rādhē gōvinda gōpī gōpāla

mīrā kē nātha prabhu muraḷi gōpāla
govardhanōdhāra gōpāla bāla
rādhē gōvinda gōpī gōpāla

rādhē	O Radha
gōvinda	Seigneur des vaches
gōpī	Vachère
gōpāla	Vacher
nandalālā	Fils de Nanda
mīrā kē nātha prabhu	Seigneur de Mira
muraḷi	Joueur de flûte
gōvardhan ōdhāra	Celui qui soulève la montagne Govardhana
bāla	Le garçon

RĀDHĒ ŚYĀMA

rādhē śyāma hē ghana śyāma
rādhā mādhava maṅgala dhāma
jaya jaya jaya hē mēgha śyāma
mēgha śyāma mēgha śyāma
jaya jaya jaya vṛndāvana dhāma

O Radha, Krishna au teint sombre,
Bien-aimé de la Déesse Lakshmi,
Demeure de ce qui est propice,
gloire à Celui qui a le teint couleur
de nuage et qui réside à Vrindavan.

rām nām sukha dāyi bhajōrē
rām nām kē dō akṣar mē sab sukh śānti samāyirē
rām prabhu kē charan mē ākar
jīvan sabhal banavōrē

Adorez le nom de Rama qui donne la Béatitude.
Les deux syllabes « Ra » et « Ma »
confèrent la béatitude et la paix suprêmes.
Tombez aux pieds du Seigneur Rama
et obtenez la floraison de la vie.

RAGHU NANDANA

raghu nandana mama jīvana
śrī rām jai rām jai jai rām
raghu patē sīta patē daśarathe dayānidhē
rāma rāghava hē sīta nāyaka
lōkānātha rāghava
śrī rām jai rām jai jai rām

O Fils de Raghu, Tu es toute ma vie ! Seigneur de Lakshmi, gloire à Ram, gloire à Ram, gloire à Ram !
Seigneur de la dynastie de Raghu, Seigneur de Sita, Fils de Dasaratha, Trésor de Compassion ! O Rama Raghava, Seigneur de Sita, Seigneur de l'univers, Raghava, gloire à Ram !

RĀJA RĀMA

rājā rāma rāma rāma
sītā rāma sītā rāma
kōdaṇḍa rāma rāma rāma
sītā rāma rāma rāma

tāraka nāma rāma rāma
sītā rāma rāma rāma
rāma rāma rāma rāma

kōdaṇḍa rāma kōdaṇḍa rāma
kōdaṇḍa rāma kōdaṇḍa rāma

rājā rāma	Le roi Rama
sīta rāma	L'époux de Sita (Rama)
kōdaṇḍa	L'arc de Rama
tāraka nāma	Le nom divin qui nous fait traverser l'océan de la transmigration

RĀMAKṚṢṆA GŌVINDA

hari rāmakṛṣṇa gōvinda janārdhana
achyuta paramānanda
acyuta paramānanda nityānanda mukunda

satchidānanda gōvinda
gōvinda gōvinda gōvinda
gōpāla gōvinda gōvinda

satchidānanda gōvinda
achyuta paramānanda

rāma kṛṣṇa hari rāma kṛṣṇa hari
rāma kṛṣṇa hari rāma kṛṣṇa hari

Sauveur de ceux qui souffrent, Tu es Rama, Krishna,
Govinda, le Destructeur des êtres malveillants.
Tu es la Béatitude immuable et suprême,
la Béatitude éternelle, et c'est Toi qui accordes la Libération.
Govinda est l'Absolu, Il est Être-Conscience-Béatitude.

RĀMA KṚṢṆA PRABHUTŪ

rāma kṛṣṇa prabhu tū
jaya rām jaya rām
yēsu pitā prabhu tū
jaya rām jaya rām
allāh īśvara tū allā hū akbar
jaya rām jaya rām
jaya rām jaya rām

Tu es le Seigneur Ramakrishna, gloire à Ram !
Tu es le Père Jésus, gloire à Ram !
Tu es le Seigneur Allah, Allah est grand !
Gloire à Ram ! Gloire à Ram ! Gloire à Ram !

RĀMA NĀMA TĀRAKAM

rāma rāma rāma rāma rāma nāma tārakam
rāma kṛṣṇa vāsudēva bhukti mukti dāyakam

Le nom de Rama nous fait traverser l'océan de la transmigration et nous donne à la fois la prospérité et la Libération.

jānakī manōharam sarva lōka nāyakam
śankarādi sēvyamāna divya nāma kīrtanam

Ce nom qui a charmé Sita est le support du monde entier. Il est adoré et chanté par les dieux tels que Shiva.

rāma harē kṛṣṇa harē
rāma harē kṛṣṇa hare
rāma harē kṛṣṇa harē
tava nāma bhajāmi sadānu harē
nāma smarana danyō pāyam
nahi pasyāmō bhava tarane

Sans cesse j'adore Ton nom. Pour traverser l'océan du *samsara*, je ne vois d'autre moyen que le Nom du Seigneur.

RĀMA RĀMA RĀJA RĀMA

rāma rāma rāja rāma
sītā rāma śrī raghu rāma
śrī rāma jaya rāma jaya jaya rāma
śrī rāma jaya rāma jaya jaya rāma

RĀMA SMARANAM

rāma smaranam bhāya haranam
raghu rāma gītam ānandam
rāma sēvanam agha haranam
raghu rāma nāmam bhava tāranam

Le souvenir de Rama dissipe la peur. Chanter Rama,
de la dynastie des Raghu, c'est la béatitude.
Servir Rama détruit le péché. Le nom de Raghuram
nous fait traverser l'océan de la transmigration.

kausalya nandana daśaratha rāma
suramuni vandita rāghava rāma
rāmachandra hari gōvinda
ajñāna nāśaka hē śaranam

O Fils de Kausalya et de Dasaratha !
O Raghava Rama qu'adorent les dieux et les ascètes,
O Ramachandra Hari Govinda,
Toi qui détruis l'ignorance, donne-moi refuge !

yāga rakṣaka daśaratha rāma
viśvamitra priya raghurāma
rāmachandra hari gōvinda
ajñāna nāśaka hē śaranam

O Dasaratha Ram, Protecteur des sacrifices,
O Raghurama, Tu es cher au sage Vishvamitra,
O Ramachandra.

rāvana mardana daśaratha rāma
vānara rakṣka rāghava rāma
rāmachandra hari gōvinda
ajñāna nāśaka hē śaranam

Toi qui as tué le démon Ravana,

O Dasaratha Ram, Protecteur de l'armée des singes,
O Raghava Rama ! O Ramachandra !

SADĀ NIRANTARA

sadā nirantara hariguṇa gāvō
prēma bhakti sē bhajana sunāvō
rāma kṛṣṇa kē charaname āvō
mana mandirame dīpa jalāvō
jīvana mayā bhāra lagāvō

Célébrez toujours les qualités (*gunas*) de Dieu.
Écoutez Ses chants avec amour. Approchez-vous
des pieds de lotus de Rama et de Krishna.
Allumez la lampe dans le temple du mental.
Déchargez-vous du fardeau de votre vie.

SADGURŌ PĀHIMĀM

sadgurō pāhimām jagadgurō pāhimām
(śrī rāmakriṣṇa dēva pāhimām pāhimām)

O Guru parfait, bénis-moi, O guru du monde, bénis-moi,
O immortelle Déesse, bénis-moi, bénis-moi.

jīva rahasyamām śānti dharmam
śānti svarūpa nīyōtiṭēṇam

Enseigne-moi le dharma de la Paix, le secret de la vie,
O Toi dont la vraie nature est Paix.

dharma rahasya mām karma margam
satya svarūpa nīyōtiṭēṇam

Enseigne-moi le chemin de l'action, le secret de tous les dharmas,
O Toi dont la nature est Vérité.

satyam dharmatte nayicchiṭeṇam
prēmattin śānti labhicchiṭēṇam

Que le dharma soit guidé par la Vérité.
Que la paix de l'amour divin règne.

rūpamārūpamāyi tīrnitenam
tinmaye nanmayāyi māttiṭēṇam

Que la forme devienne sans forme.
Que le vice se transforme en vertu.

SADGURU BRAHMA

sad guru brahma sanātana hē
parama dayākara pāvana hē
janmaja dukha vināśana hē
jagadō dhārana kārana hē
śrī rāmakṛṣṇa janārdhana hē
bhava bhaya jaladhī tarana hē

O Maître Parfait, Tu es l'Absolu Lui-même.
Suprême compassion, Toi qui nous rends purs,
Toi qui dissipes la souffrance de la vie sur terre, Tu élèves
le monde. O Sri Ramakrishna, les êtres humains Te vénèrent,
Tu nous fais traverser les eaux terrifiantes de la transmigration.

SAKALA KALĀ DĒVATĒ

sakala kalādēvatē sarasvatī dēvī
varamaruḷūyinniviṭe ninte dāsaril
paṇḍitaralla ñangaḷ pāmararāṇallō
paṇḍarī ninte kayyile pāvakaḷ mātram

O Sarasvati, Déesse des arts, accorde aujourd'hui

Ta bénédiction à Ton serviteur. Nous ne sommes pas érudits, nous sommes de simples ignorants. O Déesse de la sagesse, nous ne sommes que des marionnettes dont Tu tires les ficelles.

lakṣākṣaraṅgaḷil onnicchirippavaḷ
lakṣaṇamotta viśāla manaskka nī
lakṣyattilettān śramikkuvōrkokkeyum
pakṣāntara millātellām koṭuppavaḷ

Tu résides au milieu de centaines de milliers de lettres, Idéal d'infinitude pour ceux qui tentent d'atteindre le but. Tu es Celle qui donne équitablement toute chose.

ādyāksharaṅgaḷē ñaṅgaḷ kaṛiññitū
ādyamāyi nin kṛpayēkaṇē ñaṅgaḷil
ādiyumantavum ninnil darśippū ñān
ārilum nin kṛpayēkū bhagavatī.

Nous ne connaissons que la première lettre de l'alphabet. Montre-Toi miséricordieuse et plonge-nous en Toi du début jusqu'à la fin. O Déesse, manifeste envers tous Ta compassion.

ŚAKTI RŪPĒ

śakti rūpē ninte nāmam śravikkumbōḷ
chittam orunmatta bhāvam ēntum
hṛttil puḷakangaḷ taḷiriṭunnū...
etrayō ramyam hā ninte rūpam
etrayō ramyam hā ninte rūpam (śakti)

Toi dont la forme est Energie,
celui qui écoute Ton nom devient ivre de Dieu,
son cœur bat à grands coups !
Que Ta forme est merveilleuse !

nāmangaḷ ōtunna nāvuvandyam-dhyāna
pūjakaḷum varēṇyam
ninnil layikkunna buddhiya gaṇyamāṇ
alleṅkil janmam vyarttham...
bāhya karmangaḷum vṛthāvil (śakti)

Sainte est la langue qui prononce Ton nom,
dignes d'être atteintes sont la méditation et l'adoration.
Inestimable est l'intellect qui s'unit à Toi. Sans cela,
vaine est cette vie, vaines les actions accomplies en ce monde.

ambikē ennu viḷikkunna nāvāl-
asatyaṅgaḷ oṭum eṅkil
ambē paraninda ānandam ēkukil
nāmattāl entu phalam... bhakti -
bhāvam kapaṭamallē ? (śakti)

O Mère ! A quoi servent les prières si,
avec cette même langue qui T'appelle,
on ment et on se plaît à insulter autrui ?
Une telle dévotion n'est-elle pas hypocrite ?

ninne ninacchu kondanyare drōhicchāl
nin chinta entināṇu ?
nin chintayālanya sēva cheytīṭukil
nin sēva entinammā... karma -
yōga matāvukillē ? (śakti)

A quoi sert de penser à Toi, Mère,
si dans le même temps je fais souffrir autrui ?
O Mère est-il besoin de Te servir
si je sers autrui tout en pensant à Toi ?
Cela ne vaut-il pas le *karma yoga* ?

pūjakaḷ arppikkum kaikaḷ aśuddhamām
nīcha karmangaḷ cheytāl
pūjāri entinu vyājamāyi māṟunna
pūjayitentin āṇu..
kaḷḷakkāṇikkayāvukillē ? (śakti)

Si avec ces mêmes mains qui T'adorent,
on accomplit des actes impurs, à quoi sert
ce culte trompeur, à quoi sert celui qui le rend ?
Ne s'agit-il pas d'une fausse offrande ?

kōvilil eṟe pradakṣiṇam cheytiṭṭā
vātilil ninnukondu
'māṟe'nnōti picchakkārecha viṭṭunna
bhāvam vichitram allē....
jñāna yōgam duṣikkukillē ? (śakti)

Si après avoir vénéré le Seigneur
en marchant autour du temple, on se tient
sur le seuil pour chasser les mendiants,
un tel comportement n'est-il pas étrange ?
N'est-ce pas insulter la voie de la Connaissance ?

bimbam namikkum śirassaham bhāvattāl
engum vinaya mattāl
ambikē sarvatra vyāpta chaitanyamē
dambham nin munnil allē....
mada matsaram ninnoṭallē ? (śakti)

O Mère, Conscience omniprésente,
n'est-il pas trompeur de se prosterner humblement
devant Toi tout en restant bouffi d'orgueil ?
Si l'on se donne de l'importance,
n'est-ce pas vouloir rivaliser avec Toi ?

vyāmōha pātayil mātram alayunna
mānasa moṭṭu nēram
mātā vine smaricchīṭāykil hā! kaṣṭam
mōhattāl śōkam phalam....
antya māśayilttanne nūnam (śakti)

Quelle misère d'errer sur le chemin des vains désirs,
sans se souvenir de Mère même pour un court instant !
La douleur est le fruit du désir.
Celui-là certainement mourra dans le désir.

lōkattin ādhāram āyuḷḷor ammayil
ēkāgramāyha chittam
vēgam viṣayattilōṭi rasicchālum
ākey aśuddham ākum...
rāja yōgam niṣiddhamākum (śakti)

Le mental qui se concentre sur Mère, le Substrat
de l'univers, deviendra complètement impur
s'il se complaît à jouir des désirs des sens.
Le *raja yoga* lui sera interdit.

arttham anārttham undākkunnatinentum
martyan bali yarppikkum
karttavya pāśattilāyi bhrāntan pōlē
kṛtyam manniṭunnu....
mṛtyu poṭṭicchiricchiṭunnu (śakti)

En se liant avec la corde des obligations,
l'homme sacrifie tout à des choses
qui s'avèrent fructueuses ou infructueuses.
Tel un fou, il oublie son devoir
et la mort bondit sur lui en riant.

chāḷatteruvil śunikaḷ kaṇakkē
alayunnu māyayālē

tāye! nin makkaḷāṇennuṛacchāl
lōka vairuddhyam snēhamākum....
dharmam engum ānandam ēkum (śakti)

Comme les chiens errant dans les bidonvilles,
l'homme erre dans le monde de Maya. O Mère,
si l'on considère tous les êtres comme Tes enfants,
les contradictions de ce monde se transformeront en amour
et le *dharma* apportera partout le bonheur.

SAMSĀRA DUḤKHA ŚAMANAM

samsāra duḥkha śamanam - cheyum
anputta lōka jananī...!
nin divya hasta taṇṇalāṇ
ennum ennum namukkōrabhayam. (samsāra)

Mère du monde, Toi qui dissipes la douleur de la transmigration,
Tes saintes mains sont notre unique refuge.

andhatvamārnnu maruvum- jīva-
vṛndattinamba śaraṇam;
āpattilārkkumabhayam - amba
nin pādapatma smaraṇam! (samsāra)

Tu es le Refuge des aveugles et des âmes perdues.
Le souvenir de Tes pieds de lotus nous protège de tout danger.

pāram bhramicchu hṛdayam ghōra
timirattilāndu valayum
ī duḥsthitikku śamanam - amba
nin nāma rūpa mananam (samsāra)

Ceux qui, prisonniers de l'illusion, errent dans les ténèbres,
n'ont d'autre solution pour échapper à leur misérable sort
que de méditer sur Ton nom et Ta forme.

samdīpta lōlamizhiyālennum
en mānasatteyuzhiyū!
nin pādapatma maṇayān - atu
onnē namukku mārgam! (samsāra)

Lance-moi un regard de Tes beaux yeux brillants.
O Mère, sans Ta grâce nul ne pourrait atteindre Tes pieds de lotus.

SARVAM BRAHMA MAYAM

sarvam brahma mayam rē rē
sarvam brahma mayam!
kim vachanīyam kimavachanīyam ?
kim rachanīyam kimarachanīyam ?
sarvam brahma mayam rē rē
sarvam brahma mayam!

Tout est Brahman, Tout est Brahman !
Qu'est-ce qui vaut la peine d'être dit et
qu'est-ce qui n'en vaut pas la peine ?
Qu'est-ce qui vaut la peine d'être écrit et
qu'est-ce qui n'en vaut pas la peine ?

kim paṭhanīyam kimapaṭhanīyam
kim bhajanīyam kimabhajanīyam
sarvam brahma mayam rē rē
sarvam brahma mayam!

Qu'est-ce qui vaut la peine d'être appris et
qu'est-ce qui n'en vaut pas la peine ?
Qu'est-ce qui vaut la peine d'être loué et
qu'est-ce qui n'en vaut pas la peine ?

kim bhōktavyam kimabhōktavyam
kim bhōddhavyam kimabhōddhavyam
sarvam brahma mayam rē rē
sarvam brahma mayam!

Qu'est-ce qui vaut la peine d'être mangé
et qu'est-ce qui n'en vaut pas la peine ?
Qu'est-ce qui vaut la peine d'être enseigné
et qu'est-ce qui n'en vaut pas la peine ?

sarvatra sadā hamsa dhyānam
karttavyam bhō mukti nidānam
sarvam brahma mayam rē rē
sarvam brahma mayam!

Ton devoir est de plonger dans la profonde
méditation qui donne la Libération.

SACHIDĀNANDA GURU

sachidānanda guru jaya guru jaya guru
jaya guru jaya guru sachidānanda guru

Gloire au pur guru qui est l'Absolu,
« Être-Conscience-Béatitude. »

āchāryēndra jaya guru jaya guru
dakṣiṇāmūrttē jaya guru jaya guru
aguṇa saguṇa guru jaya guru jaya guru
sachidānanda guru jaya guru jaya guru

Gloire au Roi parmi les maîtres spirituels,
qui est aussi Dakshinamurti, le premier guru.
Gloire à ce guru, né avec et sans attribut.

guru mahārāj guru mahārāj
guru mahārāj guru mahārāj
gurudēva sad guru mahārāj
sachidānanda guru jaya guru jaya guru
patita pāvana guru jaya guru jaya guru
param jyōti param brahma jaya guru jaya guru
āgamadhāraṇa guru jaya guru jaya guru
ajñāna timira nāśī jaya guru jaya guru

Gloire au pur guru, la Lumière, l'Absolu.
Gloire à Celui qui est le support des Ecritures
et qui dissipe les ténèbres de l'ignorance.

ŚYĀMA SUNDARA

śyāma sundara madana mōhana rādhē gōpāl
vṛndāvana chandra kṛṣṇa rādhē gōpāl

hē giridhāri hē avatāri rādhē gōpāl
vṛndāvana chandra kṛṣṇa rādhē gōpāl
kṛṣṇā...rādhē gōpāl
kanaiyyā...rādhē gōpāl

hē vanamāli kuñja vihāri rādhē gōpāl
navanīta chōra nanda kumāra rādhē gōpāl
kṛṣṇā...rādhē gōpāl
gōvindā...rādhē gōpāl

rādhikalōla vēṇugōpāla rādhē gōpāl
karuṇālavāla chitta chandanā rādhē gōpāl
kṛṣṇā...rādhē gōpāl
kanaiyyā...rādhē gōpāl

bhakta vatsalā madana gōpāla rādhē gōpāl
muraḷi vāla dīnadayālā rādhē gōpāl

kṛṣṇā...rādhē gōpāl
gōvindā... rādhē gōpāl

janārdhana madana mōhanā rādhē gōpāl
dayā sāgarā ati sukūmāra rādhē gōpāl
kṛṣṇā..... rādhē gōpāl
kanaiyyā..... rādhē gōpāl

sanātana dīna janāvana rādhē gōpāl
pāvanā bhakta ūrachandanā rādhē gōpāl
kṛṣṇā..... rādhē gōpāl
gōvindā..... gōpāl

kambukandādhara gōvārdhana dhara rādhē gōpāl
dayā sāgarā ati sukūmāra rādhē gopāl
kṛṣṇā.....rādhē gōpāl
kanaiyyā.....rādhē gōpāl

gōpa kumārā gōpi janapriya rādhē gōpāl
gōvardhana dhara gōkula nandana rādhē gōpāl
kṛṣṇā.....rādhē gōpāl
gōvindā.....rādhē gōpāl

avatāri	Incarnation de Dieu
atisukūmara	Le plus merveilleux
bhakta ūrachandana	Aussi rafraîchissant pour les dévots que la pâte de santal
bhaktavatsala	Qui aime les dévots
vṛndāvana chandra	La lune de Vrindavan
chitta chandana	Qui est pour le mental aussi rafraîchissant que la pâte de santal
dīnadayāla	Celui qui est compatissant
dīnajanāvana	Protecteur de ceux qui sont frappés par la souffrance
gōkulanandana	Fils de Nanda au village de Gokula

gōpakumāra	Fils de bouvier
gōpijana priya	Bien-aimé des bouvières (gopis)
gōpāl	Protecteur des vaches
gōvardhanadhara	Supportant la colline de Govardhana
gōvinda	Seigneur des vaches
hē giridhāri	O Toi qui soulèves la montagne sur Ta main
janārdhana	Oppresseur des êtres malfaisants
kambukandādhāra	Qui tient une fleur de lotus dans les mains
kanaiyya	Bien-aimé, chéri
karuṇālavāla	plein de bonté
kunjavihāri	Qui joue dans les bosquets de Vrindavan
madana mōhana	Celui qui enchante le dieu de l'amour sensuel lui-même
madana	Comme le dieu de l'amour dans toute sa beauté
manavari	Celui qui soulève le voile de l'ignorance
muraḷivāla	Qui joue de la flûte
nandakumāra	Fils de Nanda, le bouvier
navanītachōrā	Voleur de beurre
pāvana	Sacré
rādhē	Bien-aimée de Krishna
rādhikalōla	Qui a de l'amour pour Radha
sanātana	Eternel
śyāma	Couleur bleu-sombre
sundara	Beauté
vēṇugōpāla	Qui joue de la flûte

SĪTA RĀM BOL

sīta rām sīta rām sīta rām bōl
rādhe śyām rādhe śyām rādhe śyām bōl
hari bōl hari bōl hari hari bōl
mukunda mādhava gōvinda bōl

nāma prabhū kā hē sukha dāyī
pāpa katēngē kṣaṇa mēm bhāī
rāma kī mahimā aisē bōl
mukunda mādhava gōvinda bōl

Le nom du Seigneur confère la Béatitude.
Il détruit en un instant tous les péchés.
Chante donc la gloire de Rama, chante
« Mukunda, Madhava, Govinda. »

sabari ajāmiḷa saba sukha pāyī
nāma bhajan sē muktī pāyī
nāma kī mahimā aisē bōl
mukunda mādhava gōvinda bōl

Des dévots tels que Sabari et Ajamila ont obtenu
la béatitude et gagné la Libération en chantant le nom.
Chante donc la gloire de Rama, chante
« Mukunda, Madhava, Govinda. »

bhajarē mana tū kṛṣṇa murārī
naṭana kara giridhara banavārī
kṛṣṇa rasāmṛta jīvita bōl
mukunda mādhava gōvinda bōl

O mon mental, adore le Seigneur Krishna, l'Ennemi
du démon Mura, l'Enfant qui danse et soulève la montagne.
Chante les exploits de Krishna, ivre du nectar de l'amour,
chante « Mukunda, Madhava, Govinda. »

ŚIVA ŚIVA HARA HARA

śiva śiva hara hara
śiva śiva hara hara
mēghāmbara dhara
ḍamaru sundara hara
śiva śiva hara hara
śiva śiva hara hara

O Toi le Dieu propice, le Destructeur, vêtu de nuages,
O Dieu magnifique, Toi qui joues du tambour (*damaru*)…

kara triśūla dhara abhaya suvara dhara
bhasm ānga dhara jaṭā jūṭa dhara
phāla candra dhara dīna nayana dhara
nāga hāra dhara muṇda māla dhara

Tu tiens le trident, Tu accordes l'état d'où la peur est absente et toutes les bénédictions. Tes membres sont recouverts de cendres sacrées,
Tes cheveux sont emmêlés, Tu portes le croissant de lune sur le front ;
Ton regard est plein de compassion, Tu portes une guirlande de cobras
et un collier de crânes (*chaque crâne symbolise un ego*)…

śiva śiva hara hara
śiva śiva hara hara
śaṅkarā śiva śankarā śiva
śambhō mahādēva śaṅkarā

O Dieu propice, O grand Dieu…

ŚIVĀYA PARAMEŚVARĀYA

śivāya paramēśvarāya
sasisēkharāya namō ōm
bhavāya guṇasambhavāya
śiva tāndavāya nama ōm

śivāya paramēśvarāya
chandraśēkharāya nama ōm
bhavāya guṇasambhavāya
śiva tāndavāya nama ōm

Je me prosterne devant Shiva,
le Seigneur suprême,
Celui qui porte la lune sur le front.
Je me prosterne devant ce Seigneur
qui exécute la danse cosmique
et possède tous les attributs favorables.

SKANDA JANANĪ

skanda jananī saṅkaṭa hariṇī
amṛtānandamayi mama jananī
bhaya hariṇī bhava sāgara tariṇī
amṛtānandam pakarū jananī

Mère de Skanda, Destructrice de la douleur,
ma Mère Amritanandamayi. Destructrice de la peur,
Toi qui nous fais traverser l'océan du devenir,
je T'en prie accorde-nous l'éternelle Félicité.

jagajjananī viśva vimōhini
amṛtānandamayi mama jananī
śaraṇam tāye śaṅkaran jāyē
mahāmāyē kāttaruḷvāyē

Mère de l'univers, Tu enchantes le monde,
O ma Mère Amritanandamayi.
Donne-nous refuge, O Parèdre du Seigneur Shiva,
protège-nous, O grande Puissance d'illusion.

aṟiyillammē nin nāvāhanam
aṟiyillamē dhyānavum kriyayum
gatiyāyinnivan ēkāvalambam
jananī nin tiru pāda kamalam

Je ne sais pas comment T'invoquer,
je ne connais ni la méditation ni les cérémonies.
Tes pieds de lotus sacrés, O Mère,
sont mon seul but et mon unique chemin.

SNĒHA SUDHĀMAYI

svētambaram dharicchulla śyamalangi manōhari
sāśvatānandam ēkunna amṛtānandamayī dēvi
sāṣtangam praṇamicchidām sāṣtangam
praṇamicchidām

Vêtue de blanc, Tu as le teint sombre,
Tu captives les cœurs et accordes la joie éternelle.
Amritanandamayi Dévi, Je me prosterne devant Toi.

snēha sudhāmayī amṛtamayī
prēmasudhā varṣinī dēvī
snēha sudhāmayī amṛtamayī (snēha...)

O Déesse de l'Amour et de la Béatitude immortelle,
Tu es l'Incarnation de l'amour divin,
O Déesse de l'Amour et de la Béatitude immortelle.

mōhana sangīta sammōhinī
hṛdaya sadā nandinī dēvī
hṛdaya sadā nandinī (snēha...)

Tu es la Source de la musique enchanteresse,
répandant sans cesse la félicité dans le cœur,
répandant sans cesse la félicité dans le cœur.

sauhṛdam tuḷumbunna sauparṇṇika yile
saubhaga sangīta saundaryamē
nin mandahāsa prabhā puṣpa śōbhayil
en ātma dīpam koḷuttiṭaṭṭe (snēha...)

Dans la rivière de l'Amour, Tu fais s'élever
les vagues de la musique et de la beauté divines.
Ton sourire irradie une douce lumière
dans laquelle mon être s'immerge.

uḷkkamalārcchitē chitprabhā sāgarē
ulpalatā puṣpa lōchanē
madhura sudhārasa hṛdaya vilāsinī
mṛdula sudhāvarṣinī dēvī (snēha...)

Tu es adorée à l'intérieur de la fleur de lotus du cœur,
Toi dont les yeux évoquent les pétales du lotus bleu.
Tu danses dans le cœur rempli de nectar divin,
Incarnation de la douceur et de l'immortalité.

ŚRĪ CHAKRAM

śrī chakramennoru chakramundu - atil
śrī vidyayennoru dēviyundu
chakra svarūpiṇiyāya dēvī lōka -
chakram tirikkunna śaktiyāṇē (śrī chakram)

Il existe une roue mystique, le Sri Chakra.
A l'intérieur de cette roue demeure la Déesse Sri Vidya.
Cette Déesse a la nature du mouvement, Elle est
la Puissance qui fait tourner la roue de l'univers.

simhavāhamēṛi vanniṛangārundē - ā....
hamsavāhamēṛi brahmaśaktiyākum
mūrttitrāyatte nayikkum ambē - ninte
mūrttibhēda rūpamallē kārttyāyanī... (śrī chakram)

Parfois, elle vient juchée sur le dos d'un lion, parfois elle se manifeste
en tant que Puissance créatrice, montée sur le dos d'un cygne (*Sarasvati*).
O Mère, Toi qui mènes et contrôles la Trinité divine,
la Déesse Katyayani n'est-elle pas une autre de Tes formes ?

durita nāśanārtthamitā bhaktajanangaḷ - ninte
darśanangaḷ kandu vīṇu vaṇangiṭunnū. (śrī chakram)

Pour soulager leurs peines, ces dévots rendent
hommage aux formes variées que Tu assumes.

manuja dēham etra nindyamenna satyam ī
māyā magnarām manuṣyarāṛi unnū.. (śrī chakram)

O Mère, les humains sont pris dans les rêts de Maya :
qui donc pourrait comprendre que le corps est impur ?

puli mukaḷilēṛi lasiykkumambē... nin
pukaḷezhum prabhāvamajñan engane vāzhttum (śrī chakram)

O Mère qui chevauche allègrement un tigre (*Durga*), comment
un ignorant pourrait-il espérer rendre compte de Ta gloire ?

ŚRI KṚṢṆA ŚARAṆAM

satchidānanda rupāya viśvōt patyādi hētavē
tāpatraya vināśāya śrī kṛṣṇāya vayam namaha

Je me prosterne devant le Seigneur Krishna dont la nature
est Être-Conscience-Béatitude, Cause de la création,
de la préservation et de la dissolution de l'univers,
Destructeur des trois types de souffrances.

śrī kṛṣṇa śaraṇam mamā
śrī kṛṣṇa śaraṇam mamā
śrī kṛṣṇa śaraṇam mamā
śrī kṛṣṇa śaraṇam mama

Le Seigneur Krishna est mon refuge.
Le Seigneur Hari est mon refuge.

vamsī vibhūṣita karāt navanītarābhāt
pitāmbarādaruṇa bimba phalā dharōṣṭhāt
purṇṇēndu sundara mukhādaravinda nētrāt
kṛṣṇāt param kimapitatva maham na jānē

Je ne connais pas d'autre réalité que Sri Krishna !
Une flûte à la main, beau comme les frais nuages de pluie,
vêtu de jaune, Ses lèvres sont rouges comme un fruit
aruna bimba, Son visage a le charme de la pleine lune
et Ses yeux allongés ont la forme des pétales du lotus.

śrī kṛṣṇā nī perentō madhuramurā
nandalāla nī perentō madhuramurā
gōvindā nī pērentō madhuramurā
naṭavaralālā nī pērentō madhuramurā

Seigneur Krishna, que Ton nom est doux.
O Fils de Nanda, que Ton nom est doux.
Govinda que Ton nom est doux. Natavaralala que ce nom est doux.

śrī vṛndāvana chandrā...
śrī kṛṣṇā nī pērentō madhuramurā
jay rādhē gōvinda...
śrī kṛṣṇā nī pērentō madhuramurā (śrī kṛṣṇā)

O Lune de Vrindavan, Sri Krishna que Ton nom est doux.
Gloire à Radha Govinda, Sri Krishna, que Ton nom est doux.

śrī kṛṣṇā tērā pyārā nām hē
nandalālā tērā pyārā nām hē
rādhē gōvinda jai rādhē gōpāl
gōvinda gōvinda gōparipāl

Seigneur Krishna, est un nom qui T'es cher.
Fils de Nanda, est un nom qui T'es cher.
Gloire à Radha, Govinda, Radha Gopal,
Govinda, Goparipal (Protecteur des vaches).

nī nāmāmṛtā enta madhuramurā
cheppalēnurā kṛṣṇā cheppalēnurā kṛṣṇā
ēmi chittamō enta chētinā
dīnarēdinā kṛṣṇā (2) (śrī kṛṣṇā)

Je n'ai pas de mots pour dire la douceur de Ton nom.
J'ai beau le répéter à l'infini, jamais je n'en suis rassasié.

śrī kṛṣṇā tērā pyārā nām hē
nandalālā tērā pyārā nām hē
rādhē gōvinda jai rādhē gōpāl
gōvinda gōvinda gōparipāl

Seigneur Krishna, est un nom qui T'es cher.
Fils de Nanda, est un nom qui T'es cher.
Gloire à Radha, Govinda, Radha Gopal,
Govinda, Goparipal (Protecteur des vaches).

kōyi kahē vasudēvaki nandana
kōyi kahē nandalālā
yamuna kinārē kṛṣṇa kanaiyyā
muraḷi madhurabhajārē

Certains disent que Tu es le Fils de Vasudéva,
d'autres T'appellent le Fils de Nanda.
Sur les rives de la rivière Yamuna
l'Enfant Krishna joue de Sa flûte mélodieuse.

śrī kṛṣṇa tēra pyāra nām hē
natavaralāla tērā pyārā nām hē
munijanapāla tērā pyārā nām hē

Sri Krishna est un nom qui T'est cher.
Natavaralala est un nom qui T'est cher.
Munijanapala (Protecteur des sages) est un nom qui T'est cher.

ŚRI RĀMA NĀMAMU

śrī rāma nāmamu
entōmañchi madhuramu
madhurādi madhuramu
manakaṇde amṛtamu (śrī rāma)

Le nom de Rama est très doux.
Il a la douceur du nectar,
et il est facile à obtenir.

tāṭaki mardinchi munulanu
kāpādina nāmamu
ṛāttini nātika mārchina
ramya maina nāmamu (śrī rāma)

Rama a tué la démone Tataki. A une pierre
Il a redonné la forme d'une femme. C'est la beauté de ce Nom.

ṛāvanādi rākṣasūlanu
vadhiyimchina nāmamu
vāsiga bhadrāchalamuna
velasiyunna nāmamu (śrī rāma)

Il a tué Ravana et d'autres *rakshasas* (démons) et il est tranquillement demeuré à Bhadrachala.

ŚRI RĀMA RĀMA NĀMAM

"śrī rāma rāmā nāmam janma rakṣaka mantram
japippavarkk ānandam paramānandam"
bhajikkuka manamē nī! ninakku sadgati nēṭān
orikkalum maṛakkāte bhajikkuka nī.. (śrī rāma)

O mon mental, répète sans cesse le nom de Rama ; ce nom permet d'atteindre le But de la vie, il confère la béatitude suprême.

eṇṇamatta janmam etra maṇṇitil vṛtha kalaññu ?
khinnathaykkorantyaminnum vannatillaho!
janmaminnu dhanyamākum puṇya nāma
mantramōti nirmalatvamayi manassē chinta
cheyyukil (śrī rāma)

Tu as connu sur cette terre d'innombrables existences, sans que jamais prenne fin la souffrance. Celui qui chante ce mantra sacré (Rama) devient pur et réalise le but de la vie.

śrī raghupati nāmam rāghava (jānaki) śrī rāmam
srita janāśrayarāmam bhaja manamē!
danuja ripu nāmam, vimala hṛdayarāmam,
durita haraṇa nāmam bhajamanamē! (śrī rāma)

O mon mental, adore Rama, Raghava (*autre nom de Rama*), Refuge de ceux qui se tournent vers Lui. Adore Rama, l'adversaire des démons, Celui dont le cœur est pur et dont le nom dissipe la douleur.

ŚRI RĀMACHANDRA

śrī rāmachandra - raghu rāmachandra
prabhu rāmachandra bhagavān... !
śrī dhanya dhanya sītābhirāma
sukritātma rūpa rāma... ! (śrī rāma)

O Sri Ramachandra, Tu appartiens à la dynastie des Raghus.
Seigneur Ramachandra, O Dieu, Bien-aimé de Sita
dont la forme bénie est l'âme des êtres pieux.

hē... jānakī ramaṇa rāghavā
vimala vīra sūryakula jātā...
hē... rāma rāma raghuvīra rāma
karuṇardra nētra rāmā...!
śrī rāma rāma jaya rāma rāma
jaya rāma rāma jaya rāma... (śrī rāma)

O Bien-aimé de Sita (Janaki), Toi le Pur
qui appartiens à la dynastie du Soleil,
Tu es glorifié pour Ta force et Ton courage ;
O Rama, aux yeux humides de compassion.

hē... mauktikā bharaṇa bhūshita -bhuvana
saundaryātma rāma
ānandarūpa - nigamāntasāra
nikhilātmarūpa rāma
śrī rāma rāma jaya rāma rāma
jaya rāma rāma jaya rāma... (śrī rāma)

O Rama, Toi qui portes des perles comme bijoux,
Joyau du monde, Incarnation de la béatitude,
Quintessence des Upanishads, Ta Forme contient toutes les âmes.

ŚRI VINĀYAKA

śrī vināyaka guha jananī.. .. .. amba
śrīmkārārcchita pañchadaśākṣari

O Mère de Ganesha et de Subramanya, Toi qui es
adorée par le mantra de quinze syllabes.

hrīm kāriṇi himagiri nandinī
hīrāñchita vibhūṣaṇāngī
māhēśvarī mahiṣavināśinī
mām pālaya pālaya varadē

O Toi qui es adorée par le son « Hrim »,
Fille de l'Himalaya, aux membres parés de diamants,
O grande Déesse, Tu as vaincu le démon Mahisha,
Toi qui accordes des bénédictions,
je T'en prie, protège-moi, protège-moi !

mōdānvitē dama śama dāyinī
nādāṅkurē naḷina nivāśini
nītān mama śōkavināśini
pādāmbujē layamaruḷuka tāyē

Toi qui es pleine de Béatitude et qui accordes
le contrôle du mental et des sens,
Tu es née du Verbe, Tu demeures dans le lotus,
Toi seule dissipe mes peines. O Mère,
donne-moi la bénédiction de m'unir à Tes pieds de lotus.

SṚṢTIYUM NĪYE

sṛṣtiyum nīyē sṛṣtāvum nīyē
śaktiyum nīyē satyavum (or nityavym) nīye
dēvī...dēvī...dēvī

Tu es le Créateur et la Création.
Tu es Energie et Vérité. O Dévi, O Dévi, O Dévi !

aṇḍa kaṭāha vidhātāvum nīyē
ādiyu mantavum, nīyē (sṛṣtiyum)

Tu es la Créatrice du cosmos,
Tu es aussi le commencement et la fin.

paramāṇu chaitanyapporūḷūm nīyē
pañcha bhūtangaḷum nīyē (sṛṣtiyum)

Tu es l'Essence de l'âme individuelle,
Tu es aussi les cinq éléments.

SUNDARĪ NĪ VĀYŌ

sundarī nī vāyō
purandarī nī vāyo
śaṅkarī nī vāyo
nirantarī nī vāyo

Je T'en prie, viens, Toi qui es magnifique.
Parèdre de Shiva, je T'en prie, viens.
Je T'en prie, viens, Toi qui es infinie.

skandan tantaykku vāmākṣi nī ennum
kānti pūratte chintum kāmākṣi nī
bandhuvāyi kāṇmōrkku svantam nīyē - en
chintaykku muṛavāyī ninnīṭammā (sundarī)

O Vamakshi, Parèdre du Seigneur Shiva, Kamakshi,
qui en tous lieux diffuse la lumière, Tu appartiens à ceux
qui Te chérissent comme leur proche. O Mère, je T'en prie,
demeure en moi comme le printemps de mon inspiration.

onnāyi palatāyi arūpavu māyi
ninnālum jyōtirmayī brahmam nīyē
nannāyen uḷḷam nī aṛiyillayō
chonnālum munnil nī varukillayō ? (sundarī)

Toi qui possèdes à la fois une et plusieurs formes,
Tu es la lumière de l'Absolu. Ne connais-Tu pas mon cœur ?
Ne viendras-Tu pas, quand bien même je Te le demande ?

SVĀGATAM KṚṢṆA

svāgatam kṛṣṇā śaranāgatam kṛṣṇā
madhurāpuri sadana mṛdu vadanā madhusūdanā
(svāgatam)

bhōga dāpta sulabha supuṣpa gandha kaḷabhā
kastūri tilaka mahibhā
mama kandā nanda gōpa kandā (svāgatam)

musṭīkāsura chāṇūra malla
malla viśārada kuvalayā pīḍha
narttana kāḷiya mardana gōkula rakṣaṇa
sakala sulakṣana dēvā

siṣṭa janapāla saṅkalppa kalppa
kalppa śata kōṭi asama barābhava
dhīrā munī jana vihārā kṛṣṇa dhīrā munī jana vihārā
madana sukumārā daitya samhāra dēvā

madhura madhura rati sāhasa sāhasa...
vraja yuvatī jana mānasa pūjita

sa.. da.. pa.. ga.. ri.. pa.. gari.. sadhasa
tiddhittikajanu taddittakajanu ta ttakayanu
tarikiṭagugu tanakiṭa taka dhim (3) (svāgatam)

TAVA SANNIDHĀNATTIL

tava sannidhānattil manatārarppicchu
tapassucheyyunnu ñān aniśamammē...
anaśvara rūpiṇī... ! samastalōkēśvarī...!
anugrahikkuka enne nī... ammē
anugrahikkuka enne nī...! (tava)

Jour et nuit, je pratique l'ascèse, mon mental
s'est abandonné à Tes pieds. O Déesse,
éternelle Déesse, Déesse de tous les mondes,
bénis-moi, O Mère, bénis-moi.

surajana paripūjita nī... dīna jana-
mānasattinu taṇ alum nī...
tiru nāmabhajanam cheytuṇarum śuddha-
hṛdayattil niṛajñānam nī...
mama jananī... jaya jananī...
jaya jaya jananī... jaya jaya jananī (tava)

Tu es Celle que les dieux adorent, le Refuge des cœurs
en détresse. Dans les cœurs éveillés, qui se sont purifiés
en chantant Tes louanges, Tu apparais en tant que Connaissance.
Gloire à Mère... Gloire à ma Mère, Gloire à la Mère de l'univers !

nigamāgamam pāṭum poruḷ nī... nityam
munijanamtēṭum nidhi nī...
praṇavāvarttanattinte laya nilayam nī
manavachassoṭuṅgunnōriṭavum nī...
mama jananī... jaya jananī...
jaya jaya jananī... jaya jaya jananī (tava)

Tu es la Vérité que célèbrent les Védas et les Shastras,
le Trésor que les ascètes ont toujours recherché.
C'est en Toi que se fond la vibration du Om,
la parole et le mental disparaissent en Toi.
O ma Mère… Gloire à Mère, Gloire à Mère…
Gloire à la Mère de l'univers !

TĀYĒ TAVA TANAYARIL

tāyē tava tanayaril
kāruṇyamēlāykayāl
tāpam hṛdi vaḷarunnu
tāruṇyarūpānganē

O Mère, éternellement jeune, le cœur de Tes enfants est en proie à la douleur parce que Tu ne leur montres pas la moindre pitié.

mēgham kēṟi divākara prabhaye
mūṭum kaṇakkenna pōl
mōhattil vīṇāzhān
viṭallē tāruṇya rūpāṅganē

O Mère, éternellement jeune, ne permets pas que je sombre et disparaisse, victime de l'illusion, comme le soleil caché par les nuages.

tārum nīrum taruvum
akhila jīvajālaṅgaḷum
nin māyayennaṟiyunnu
ñān tāruṇya rūpāṅganē

O Mère, éternellement jeune,
les fleurs, les eaux, les arbres et tous les êtres vivants sont Ta Maya.

ULAKATTINĀDHĀRA

ulakattin ādhārapporuḷ nīyamma
guṇa miyalunna nayanattin oḷi nīyamma

O Mère, Tu es l'Essence du substrat du monde.
O Mère, Tu es la Lumière des yeux vertueux.

takarunna hṛdayattin abhayam amma
aṛivinnum uṛavāyoraṛivum amma - ellām aṛi...

O Mère, Tu es le refuge des cœurs brisés.
O Mère, Tu es Sagesse, Source de toute connaissance.

aruḷīṭuvatinuḷḷa takhilum nīyē
akhilarkkum abhayam nin padatār amma

Donne-moi tout ce qui est nécessaire pour atteindre
cette Sagesse.Tes pieds sont le refuge de tous les êtres.

kanivinnu kanivāya karuṇānidhē
tellukṛpayenni laruḷīṭu kṛpāyambudhē

O Source de bonheur, Trésor de compassion,
montre-moi un peu de compassion.

UTTAMA PRĒMATTIN

uttama prēmattin paryāyamāyiṭum
śāśvata snēha pradānamuttē
pāvana vātsalyam ēkunna pāvanī
pādattil kaṇṇīrāl archi chīṭām

Incarnation de l'amour infini, Toi qui donnes
l'amour éternel et l'affection pure,
c'est avec mes larmes que je vénère Tes pieds.

bhāvana kyappuṛam engō vilasunna
satya svarūpattin tēn mozhikaḷ
karṇṇa manōharam ā vachanangaḷāḷ
kātum hṛdayavum śāntamāyi

En écoutant les paroles, pleines de nectar et de joie,
de l'Incarnation de la vérité qui réside au-delà
des pensées, mon cœur, mes yeux et mes oreilles
sont devenus calmes et paisibles.

ā kṛpa varṇṇippān āvatil ārkkumē
ā snēham vākkal paṛavatalla
ā prēmam engane ñān uracchīṭuvān
kaṇṇīrāl vīndum namicchīṭunnēn

Nul ne peut décrire cet Amour qui est au-delà des mots.
Comment pourrais-je prétendre en parler ?
Je ne puis que me prosterner devant Toi en pleurant.

UYIRĀYI OḶIYĀYI

uyirāyi oḷiyāyi ulakattin muraṭāyi
urapoṅgum umayē nī eviṭē... ?
kāttāyi kaṭalāyi kanalāyi nilkkum
en kalayē nin kanivennil illē... ? (uyirāyi)

O Déesse Uma, où es-Tu ? Toi qui es la vie, la lumière
et la solidité de la terre. O Toi qui es pleine de finesse,
Toi qui existes en tant que vent, mer et feu,
n'as-Tu pas de compassion pour moi ?

aṛivellām akalunnu piṛavippōl tuṭarunnu
maṛivellām uṛavākunnū
kuṛavellām tikayunnu tikavutta nīyenyē
maṛayellām maṛavākunnū (uyirāyi)

Toute la sagesse s'est enfuie au loin et le cycle des naissances se répète.
L'irréel est devenu réel et tous les défauts s'accroissent
en Ton absence, Toi qui es la pure Connaissance cachée.

rudhirāsthi māmsattāl paritāpa durgandhappuriye
samrakṣikkunnū...
purivāṭilppuṛam ellām paripāvanam ākkunnu
puri nāthane aṛiyunnilla...! (uyirāyi)

Tu protèges cette misérable cité (*le corps*) empestant
le sang, les os et la peau. Nous nettoyons la surface
de notre corps sans connaître son Seigneur.

manamākum vānaran madamenna kaniyumāyi
ninavillātuzhaṛīṭunnū... ?
tan rūpam ninayāte kālattin kanivil nām
kālannūṇāyi māṛunnū...! (uyirāyi)

Le singe du mental s'agite sans arrêt, tenant dans la main
le fruit de la vanité. Ne réfléchissant pas à sa vraie nature,
il devient la nourriture du dieu de la mort.

VANDĒ NANDAKUMĀRAM

vandē vandē nanda kumāram
nanda kumāram navanīta chōram
vandē vandē rādhika lōlam
gōpī chitta vihāram, vandē

Je salue le Fils de Nanda, Celui qui dérobe le beurre,
l'Aimé de Radha, qui réside dans le cœur des gopis !

vandē vandē nanda kumāram
śrīdhara ṇīśam jagadā dhāram
bhava bhaya dūram bhakta mandāram

vandē vandē rādhika lōlam
gōpī chitta vihāram

Je salue sans cesse le Seigneur qui porte la Déesse Lakshmi en Son cœur, le Substrat du monde ; Il dissipe la peur de la transmigration, Il est la fleur du cœur des dévots, l'Aimé de Radha, Il réside dans le cœur des gopis !

vandē vandē nanda kumāram
vēṇu vinōdam vēda susāram
karuṇālōlam kāñchana chēlam
kamanīya gātram kamsa samhāram
yamunā tīra vihāram vandē
yamunā tīra vihāram

Je salue Celui qui joue de la flûte, l'Essence des Védas. Il aime se montrer compatissant et porte des habits de couleur dorée, l'Enfant à la forme magnifique, le Vainqueur de Kamsa, Celui qui réside sur les bords de la rivière Yamuna !

vṛndāvana sañchāram vṛndāvana sañchāram
vandē vandē nanda kumāram
vandē vandē rādhikalōlam

Je salue Celui qui déambule dans Vrindavan, le Fils de Nanda, Celui qui charme Radha !

muni jana pālam mōhana rūpam
muraḷīlōlam madana gōpālam
yamunā tīra vihāram vandē
vṛndāvana sañchāram vandē

Je salue le Protecteur des sages, le Dieu à la forme charmante, Celui qui aime la flûte, le magnifique petit pâtre qui demeure sur les rives de la rivière Yamuna et déambule dans Vrindavan !

VANDIKKUNNĒN

vandikkunnēn ammē ennil nṛittamāṭuvān
vandanīyaprabhē vannaṭi paṇīyunnēn

Afin que Tu viennes danser en moi, O Mère,
Toi qui es l'Un adorable, je me prosterne et m'abandonne à Toi.

jīvātmikayāyi ninnu jīvippikkum śaktiye
nī veṭiññu pōyāl niśchalam akhilavum (vandi)

Tu es la Puissance de la vie au sein de chaque âme individuelle.
Si Tu devais partir, le monde entier cesserait d'être.

parayām śakti vā... vā paripūrṇṇānandātmikē
paramajyōtissē vā piriyātennil ninnum (vandi)

O Energie universelle, dont la nature est Béatitude parfaite,
viens, viens. O Lumière suprême, reste et jamais ne m'abandonne.

jñānakkaṭalē vā... vā nānā sṛṣṭikāraṇē
akhilādhāra murttē aḷavillātta sattē (vandi)

Viens, viens, Océan de connaissance, Cause de la création multiple,
Incarnation du substrat de l'univers, Essence illimitée.

aṇuvilumaṇuvē vā... vā akhila vyāpta vastuvē
āyira daḷapadmattil āvāsē nī vā... vā (vandi)

O Toi qui es l'Atome des atomes, Toi qui imprègnes tout l'univers,
Toi qui demeures dans le lotus aux mille pétales, viens, viens.

kōṭi divākara śōbhē en taṭiyil vāzhum ambikē
aṭiyanaviṭe layīkkuvān amma tanne āśrayam (vandi)

Elle a l'éclat de millions de soleils et demeure au cœur de mon être,
Mère est mon unique espoir de pouvoir me fondre en Elle.

amṛita jyōtirmayamē ānandābdhē ninnil
mānasamaniśam līnamākān tuṇaykkaṇam (vandi)

O Lumière d'Ambroisie, océan de Béatitude,
puisse mon mental se fondre en Toi pour toujours.

nirmalamē nirguṇamē anudinam namiykkunnu
dīnadayālō ente dīnatayakattuka (vandi)

O Être pur au-delà des qualités (*gunas*), devant Toi sans cesse je me prosterne.
Toi qui es pure compassion envers les affligés, délivre-moi de ma douleur.

aṛivinnaṛivē sattē abhayapradamē śivē
aṛiyān aṛivillammē kuṇḍalinī... śaktī (vandi)

O Connaissance de la connaissance, Essence, Shive,
Toi qui donnes refuge, O Mère, Kundalini Shakti,
j'ignore même ce qu'est la Connaissance.

śaṅkakaḷakattān śaṅkarī nīyettaṇam
pēyākkolla .... enne māyike nīye... gati (vandi)

O Shankari, Tu dois venir effacer mes doutes.
O Maya, fasse que mon destin ne soit pas celui d'un fou.

VANNĀLUM AMBIKĒ

vannālum ambikē tāyē manōharī
tannālum tāvaka darśanatte
sañchita saubhagamen chittapatmattil
nin chārurūpam viḷaṅgiṭaṭṭe (vannālum)

Viens, O Mère, Enchanteresse du mental.
O Ambika, accorde-moi Ta vision. Que le lotus
de mon cœur s'illumine de Ta forme divine.

ennuḷḷil bhaktiye chemmeyuṇartunna
dhanyām ponnuṣassenudikkum
nāmam japicchu samtṛptayāyennu ñān
ānanda bāṣpa vilōlayākum (vannālum)

Quand viendra-t-il ce jour béni où mon cœur
sera plein de dévotion pour Toi ? Rassasié
par la répétition de Ton nom, des larmes de béatitude
vont-elles enfin couler de mes yeux ?

māmaka chittam ātmāvum viśuddhamāyi
mevunna nāḷennu vannuchērum
mānavum māmūlum lajjayum klēśavum
ñān upēkṣikkunna nāḷ varumō (vannālum)

Quand se lèvera-t-il, le jour où mon mental
et mon âme seront totalement purifiés ?
Alors disparaîtront l'orgueil, la volonté
de posséder, la honte et la douleur.

bhaktiyākum madhumottikkuṭichu ñān
chikkennu prēmattāl mattayākum
poṭṭicchiricchu ñān ānanda magnayāyi
peṭṭennu kaṇṇīru vannukezhum (vannālum)

Et quand, devenu ivre, pourrai-je rire et pleurer
plongé dans la béatitude, totalement perdu en Toi ?

VARAḶUNNA HṚDAYATTIL

varaḷunna hṛdayattil kuḷirmazha peyyuvān
varanda jīvitam vaḷamākki māttuvān
vannīṭukammē ponnambikē
vandikkunnu ñān varumō... varumō ?
ennarikil nī varumō ?

O Mère, verse une pluie rafraîchissante sur mon cœur sec
afin que ma vie stérile puisse s'épanouir.
Mère, ma chère Mère, viens. Je me prosterne devant Toi.
Viendras Tu, viendras Tu près de moi ?

innu varum, amma innu varum ennum
āśayōṭe mantricchen hṛdayam
illa, ōmalē illa ñān ninnil ninoru
nāḷum akannu pōkayilla

« Mère viendra aujourd'hui. Mère viendra aujourd'hui ! »
Voilà ce que mon cœur plein d'espoir chante comme un mantra.
« Non, mon enfant chéri, non, jamais je ne te quitterai ! »

VASUDĒVA PUTRANĒ VĀ

vasudēva putranē vā nīla varnna nē vā
ī hṛdayattine kūriruḷ nīnguvān
nī kaniyaṇamē dēvā
nī kaniyaṇamē

O Fils de Vasudeva, viens ! Enfant au teint bleu sombre, viens !
Je T'en prie Seigneur, bénis-moi, en dissipant les ténèbres de ce cœur.

amma dēvakiyē.. kāttu koḷḷaṇamē
uṇṇi kṛṣṇane manninu nalkiya
puṇya mārnnavaḷē dēvī
puṇya marnnavaḷē...

O Mère Dévaki, je T'en prie protège-moi,
O sainte Dévi qui a donné naissance
au bébé Krishna pour le salut du monde.

ēzhakaḷkkulakil.. .. ennum āśrayamē.. ..
ētu kuttavum nī poṟuttu

ñangaḷil prīti koḷḷaṇamē
dēvā prīti koḷḷaṇamē.. ..

O Seigneur, Toi qui es le support
de ceux qui Te supplient en ce monde,
Toi qui pardonnes les erreurs,
sois miséricordieux envers nous.

VĒDĀMBIKĒ

vēdāmbikē namō nādāmbikē
vandē surasaṅghasēvyapādam

O Mère des Védas, O Mère du Verbe,
je me prosterne à Tes pieds que les dieux vénèrent.

kāmapradam kamalābhapradam
kadanāzhikaṭattuken rāgapriyē

Tu confères l'amour et l'éclat du lotus, O Toi qui aimes
la musique, fais-moi traverser cet océan de douleur.

vidyē śivē sarvalōkahitē
madahatyē jaya bhava nāśakartrī

O Déesse de la sagesse, O Parvati qui fait du bien au monde entier,
destructrice de l'orgueil et des renaissances, sois victorieuse.

māyāmayam manamārāl gatam - mama
ālambanam tava pādāmbujam

Toi qui es *maya* (l'illusion) par qui le mental existe,
Tes pieds de lotus sont mon support.

prāṇikaḷkkokkeyum prāṇan ammā
kāryattinokkeyum kāraṇam ammā

Mère est la vie de toutes les créatures,
Mère est la cause de toute chose.

ghōra samsāra makattiṭeṇam
dīnanām ennē nī kattiṭeṇam

Daigne me libérer de ce cycle terrible de la naissance
et de la mort. Protège le malheureux que je suis.

muktidē muktidē hastē namō
śaktē namastē mahāprabhāvē

Je m'incline devant Toi les mains jointes,
accorde-moi, je T'en prie, la Libération.
Toi qui es toute-puissante, pure Lumière,
je me prosterne devant Toi.

VEDĀNTA VĒNAL

vēdānta vēnalilūṭe
oru nādānta pānthanalaññāl
nī tān tuṇaykkum avane enna
gītārttham ippōzh eviṭē ? (vēdanta)

Où est la vérité de la Gita selon laquelle
il faut aider le voyageur qui va à Brahman, traversant l'été du Védanta ?

śāntātmanā pada prāptikkayi
kāntārasāmyapathattilkkūṭi
nīntān tuṭaṅgi ennālum
chīntunnū chittam vyathayāl (vēdanta)

Bien que, l'âme en paix, j'avance sans heurt sur le chemin
inextricable comme une forêt qui mène à Tes pieds,
mon mental est en proie à la douleur.

entinō vēndi hṛdantam sadā-
venturukunnārtta bandhō...

chinta ninakkitilillē ente
santāpamokkeyum māttān (vēdanta)

Toi qui aimes ceux qui souffrent, mon cœur sans cesse
brûle du désir de quelque chose que j'ignore.
Ne veux-Tu pas me délivrer de ma douleur ?

ammē bhagavatī dēvī ninte
chinmōhana svarūpattil
vannulayikkāte śāntiyilēnammē
aṛiyunnatillē ? (vēdanta)

Celui qui ne se fond pas en Ton être enchanteur
ne peut trouver la paix, O Mère,
O Bhagavati Dévi, l'ignores-Tu ?

VINĀYAKA VINĀYAKA

vināyaka vināyaka
viśvādhāra vināyaka
siddhi vināyaka bhava bhaya nāśa
suramuni vandita śrī gaṇēṣa

vināyaka	Celui qui détruit les obstacles
viśvādhāra	Le substrat de l'univers
siddhi vināyaka	Celui qui accomplit, qui réalise
bhavabhayanāśa	Celui qui détruit la peur du devenir
suramuni vandita	Celui devant lequel se prosternent les dieux et les sages

VINAYA MĀNASAM

vinaya mānasam vṛatha pūndu taḷarān
vidhi vanna katha entahō! - jananī...!
chirakāla saṅkalppam viphalamāyi pōkayō
mama janma vidhi pālinī jananī...... jananī....!
tarumō nin pada darśanam..... (vinaya)

O Mère pour quelle raison mon humble cœur
est-il destiné à languir d'une douleur extrême ?
O Mère, qui dispenses le destin, ma longue attente
va-t-elle s'avérer vaine ? Me donneras-Tu
la bénédiction du darshan de Tes pieds adorables ?

veṛumoru kaṭalāsu pūvupōlenne nī
veṭiyunnō veyilēttu taḷarunnu ñān
azhakilla, niṛamilla, maṇamilla eṇkilum
vinayattin azhivillahō! nin pādasmaraṇāyi
korazhi villahō! (vinaya)

Vas-Tu m'abandonner comme une fleur en papier
sans vie qui languit sous le soleil brûlant ?
Même si elle n'a ni beauté, ni couleur, ni parfum,
cette fleur est constante dans son humilité
et dans l'adoration continue de Tes pieds.

charitārtthanākaṭṭe! ñan nin tirusnēha-
parilāḷa nāsvādanattāl
charaṇāra vindattin taṇalāṇ enikkennum
śaraṇam sadānandasindhō! jananī....!
mama janma sandāna sindhō......! (vinaya)

Mère, donne-moi la joie bénie d'une caresse
de Ton noble Amour. O Mère, Océan
de la béatitude immortelle, Tes pieds de lotus
sont mon refuge pour toujours. O Mère, Support de ma vie !

VIŚVA VIMŌHINĪ

viśva vimōhinī anaśvara rūpiṇī/amritasvarūpiṇī
śāśvatānandam nalkû śakti rūpinī

Enchanteresse de l'univers, O Toi l'Indestructible/ Nectar de l'immortalité, accorde-moi la Béatitude éternelle, Toi dont la forme est Energie.

kaliyuga kalmaṣama kalānāyi
kāraṇa vastu vilaṇayānāyi
kāminī kāñchana bhōgā śakti-
kaḷakalekkaḷayū marttyā! (viśva vimōhinī)

O Homme, rejette la luxure, la cupidité et
le désir de jouir des plaisirs du monde !
Libère-toi des péchés du *kali yuga* et
ne fais plus qu'Un avec la cause suprême !

mahatvamēṛum mānava janmam-
iteṭuttatentinu nammaḷ ?
aṭutta janmam atillātāyi
viśuddha vastuvilettān
taṭuttiṭū nī mānasa bhikṣuve
pañcha gṛhangaḷil ninnu (viśva vimōhinī)

Pourquoi avons-nous pris cette noble naissance ?
Pour atteindre l'Etre suprême et n'avoir plus à renaître.
Empêche le mental instable d'entrer
dans la maison des cinq éléments.

(rāvum pakalum itorupol layicha rāmakrishna
deva vedānta sāgara tirakaluyarttiya viśva kesariyē
pavitra pāvana māmā pātayi livare nayikkyaname)

O Seigneur Ramakrishna, Toi qui jour et nuit es plongé en Cela, O Lumière de l'univers qui soulève les vagues de l'océan du Védanta, daigne conduire ces gens sur le chemin de la sainteté et de la pureté.

pala matasāravum onnennōtiya paramasadguruvē
paramārtthaṅgaḷeyaṟiyā tuzhalunn ivarkku/ivalkku trāṇitarū
pavitra pāvana māmā pātayil ivare/ivale nayikkaṇamē

O suprême Sadguru qui nous enseigne que toutes les religions n'ont qu'une seule essence, donne des forces à ceux qui, ignorant la Vérité, se sont égarés. Daigne les guider sur le chemin de la sainteté et de la pureté.

VIŚVAVIMŌHINIYĒ

viśvavimōhiniyē mahēśvari
ammē namō namastē
śāmbhavī śōkanāśē pādangaḷil
nityavum kumbiṭunnen

O Enchanteresse de l'univers ! Grande Déesse,
je me prosterne devant Toi.
Je me prosterne toujours aux pieds
de Celle qui détruit les souffrances.

kāḷamēghatte vellum niṟa
mēlum kāḷī manōharāmgī
nāḷīkalōcchanē nin gaḷattile
mālayitentukondu ?

Ta sombre couleur surpasse la sombre
couleur des nuages. Tes yeux sont semblables
à des pétales de fleurs. Pourquoi portes-Tu
donc cette guirlande autour du cou ?

puṣpangaḷ alla raktam
vamikkunna vaktrangaḷallēyatu ?
śilppikaḷāru tīrttū manōhara
mugratayārnna māla!

Ta guirlande n'est pas faite de fleurs
mais de crânes sanglants.
Quel sculpteur a bien pu créer
cette splendide guirlande ?

āravamōṭaṭutta dārikane
pārāte konnōr ammē ?
chōrakkaḷattilaṭan rasamēṛān
kāraṇam chōlliṭāmō ?

O Mère, Toi qui a tué l'arrogant Darika,
dis-moi, O Mère, pourquoi aimes-Tu
danser dans cette mare de sang ?

mallare velluvānāy
āyudham ēttam karattilundu.
chollu chollagniyentē
nētrangaḷilujjvali pichhiṭunnu ?

Afin de conquérir les géants,
Tu as une arme à la main.
Dis-moi, je T'en prie, pourquoi

ce feu brûle-t-il dans Tes yeux ?
āṭunna pānpaṇiyān ammaykk
ēttamāhlādam entu kondu ?
ābharaṇangaḷ ētum
dharichiṭṭum ārtti naśicchatillē ?

Pourquoi portes-Tu un serpent vivant autour du cou ?
Ton goût pour les parures n'était-il pas comblé
par tous Tes autres ornements ?

YĀDAVANĒ

yādavanē mana mōhananē
ātma nāyakanē vēṇugāyakanē
gōpī vallabhanē śyāma sundaranē
gōpa bālakanē gīta nāyakanē
kṛṣṇa harē jaya kṛṣṇa harē
muraḷi manōhara kṛṣṇa harē
kṛṣṇa harē jaya kṛṣṇa harē
rādhā mādhava kṛṣṇa harē

yādava	Celui qui est né dans le clan de Yada
manamōhana	Celui qui captive le mental
ātma nāyakan	Protecteur
vēṇugāyakan	Celui qui joue de la flûte
gōpivallabhan	Bien-aimé des Gopis
śyāmasundara	Celui au magnifique teint sombre
gōpabālan	Jeune vacher
gītanayakan	Celui qui a révélé la Bhagavad Gita
murali	Celui qui joue de la flûte
harē	Seigneur Vishnu
rādhā	La Bien-aimée de Krishna
mādhava	Epoux de la Déesse Lakshmi

YAŚŌDA KĒ BĀLĀ

yaśōdā kē bālā yadukula nāthā
dvāraka vāsī śrī kṛṣṇā...

nanda nandanā navanīta chōrā
rādhāvilōlā śrī kṛṣṇā

dīnā nāthā bālagōpālā
nirupama sundara śrī kṛṣṇā

harē rāma harē rāma rāma rāma harē harē
harē kṛṣṇa harē kṛṣṇa
kṛṣṇa kṛṣṇa harē harē

yaśōda kē bālā	Le Fils de Yashoda
yadukula nātha	Le Seigneur du clan de Yadu
dvārakavāsi	Qui demeure à Dvaraka
nandanandanā	Le Fils de Nanda
navanītachōrā	Celui qui aime le beurre
rādhāvilōla	L'ami de Radha
dīnanāthā	Le Seigneur des opprimés
nirupama sundara	Celui dont la beauté est incomparable

Slokas et mantras

kāyena vāchā manas endriyair vā
buddhyātma nā vā prakritehe svabhāvāt
karomi yadyad sakalam parasmai
nārayanāyeti samarpayāmi

Je dédie au Seigneur suprême Narayana
tout ce que je fais avec mon corps,
ma langue, mon mental, mes membres,
mon intellect ou mon Soi intérieur
que ce soit intentionnellement ou non.

gurur brahmā gurur viṣṇuḥ
gurur dēvō mahēśvaraḥ
guruḥ sākśāt parambrahma
tasmai śrī guravē namaḥ

Le guru est Brahma, Vishnu et Shiva.
Le guru est l'Absolu,
je m'abandonne totalement au saint guru !

oṁ saha nāvavatu saha nau bhunaktu
saha vīryam kara vāvahai
tējasvi nāva dhītamastu
mā vidviṣā vahai
ōm śāntiḥ śāntiḥ śāntiḥ

Seigneur, protège-nous en tant qu'Un, donne-nous,
Seigneur, notre nourriture en tant qu'Un. O Seigneur,
laisse-nous nous épanouir dans Ta force en tant qu'Un.
Change notre savoir, en lumière et notre haine en amour.
Om ! Que la paix soit avec vous, la paix, la paix.

ōṁ asatō mā sad gamaya
tamasō mā jyōtir gamaya
mrityōr mā amṛtam gamaya
ōm śāntiḥ śāntiḥ śāntiḥ

Guide-nous de l'irréel vers le Réel
Des ténèbres à la Lumière
De la mort à l'Immortalité
OM ! Que la paix soit avec vous, la paix, la paix.

ōm lōkaḥ samastaḥ sukhinō bhavantū
ōm śāntiḥ śāntiḥ śāntiḥ

Puissent tous les êtres dans tous les mondes être heureux.
Om paix, paix, paix.

ōm sarvēṣām svastir bhavatu
sarvēṣām śāntir bhavatu
sarvēṣām pūrṇam bhavatu
sarvēṣām maṅgalam bhavatu
ōm śāntiḥ śāntiḥ śāntiḥ

Que la perfection l'emporte sur toute chose
Que la paix l'emporte sur toute chose
Que la plénitude l'emporte sur toute chose
Que les bons auspices l'emportent sur toute chose
Om ! Que la paix soit avec vous, la paix, la paix.

ōṁ pūrnam adaḥ pūrnam idam
pūrnāt pūrnam udacyate
pūrnasya pūrnam ādāya
pūrnam ēvā vasiṣyatē
ōṁ śāntiḥ śāntiḥ śāntiḥ

Ceci est Plénitude, cela est Plénitude ;
De la Plénitude surgit la Plénitude ;
Si l'on retire la Plénitude de la Plénitude,
La Plénitude subsiste…
Om, paix, paix, paix.

ōm śrī gurubhyō namaḥ
hariḥ om

Je me prosterne aux pieds du guru.

Table des Matières

L'importance du chant dévotionnel **I-3**
Guide de la prononciation **I-4**
Abhayam abhayam ammā I-7
Ādi parāśaktī I-7
Ādi purūṣa I-8
Ādiyil paramēṣvariyē I-9
Āgamāntapporuḷe I-10
Āgatanāyi I-12
Ājīvanāntam I-12
Akalattā kōvilil I-13
Akale akale I-14
Atbhuta charitrē I-16
Ambā bhavāni jaya I-17
Ambā bhavāni śāradē I-17
Ambā mātā I-18
Ambā sahita I-19
Ambikē dēvi I-19
Ambikē jagadambikē I-21
Amma amma tāyē I-22
Amma nin rūpam I-23
Ammatan nāmam I-24
Ammayallē entammayallē I-26
Ammayennuḷḷorā I-27
Ammayennuḷḷoru I-28
Ammayil mānasam I-30
Ammē bhagavatī I-32
Ammē bhagavatī kālimāte I-34
Ammē kaṇṇu turakkūlē I-36
Ammē uḷakam I-37

Amṛtānanda svarūpa I-38
Amṛtānandamayī I-38
Ānandamayī I-40
Ānandāmṛta rūpini I-41
Anantamām ī lōkattil I-42
Angallāti I-44
Anupama guna nilaye I-44
Ārati I-45
Arikil undeṅkilum I-47
Āzhikullil I-48
Āruṭe makkaḷ ñangaḷ I-49
Aruṇa niṛakkati I-50
Ārundu cholluvān I-51
Ātma rāma I-52
Atulyatayuṭe I-53
Āyiyē guru maharāni I-54
Bandham illa I-55
Bhagavāne I-56
Bhajamana rām I-56
Bhaktavatsalē dēvī I-57
Bhramaramē I-62
Bōlō bōlō I-63
Brahmāṇḍa pakṣhikal I-63
Chāmuṇḍayē kāli mā I-64
Chandraśēkarāya namaḥ ōm I-64
Chilanka keṭṭi I-65
Chitta chōra I-66
Chitta vṛndāvanam I-67
Darśan dēna rāma I-69
Daśaratha nandana rāma I-70
Dayā karō mātā I-70
Dēvī bhagavatī I-71

Dēvi dēvi dēvi jaganmōhinī
(dēvi dēvi dēvi amṛiteśvari) I-72
Dēvi jaganmāta I-72
Dēvi mahēśvariyē I-73
Dēvi śaraṇam I-75
Dhanya dhanyē I-79
Dhimiki dhimiki I-80
Durgā bhavāni mā I-80
Durgē durgē I-81
Ellām aṛiyunna I-81
En mahādēvi lōkēśi I-82
En manassin oru maunam I-83
Ennuṭe jīvita I-84
Entammē nin makkaḷē I-86
Ente kaṇṇunīr I-87
Etrayō nāḷāyi I-88
Gajānanā I-89
Gangādharā hara I-90
Ghana śyāma sundara I-91
Giridhāri jai giridhāri I-92
Gōpāla gōvinda I-92
Gōpāla kṛṣṇā I-96
Gōpī vallabha I-97
Gōvardhana giridhāri I-98
Govardhanagiri kuṭayākkī I-99
Gōvinda kṛṣṇa jai I-100
Gōvinda nārāyaṇa I-100
Hamsa vāhina dēvī I-101
Harē kēśava gōvinda I-101
Harē murārē I-103
Hariyuṭe kālil I-104
Hē amba I-105

Hē giridhara gōpālā	I-106
Hē mādhava	I-107
Hṛdaya nivāsini	I-107
Hṛdayapuṣpamē	I-110
Hrīm kāḷi	I-111
Ichchāmāyi	I-112
Iṭamillā	I-113
Īnī oru janmam	I-114
Īśvarī jagadīśvarī	I-115
Jagadīśvari dayā karō	I-117
Jai ambē	I-117
Jai jai jai gaṇa nāyaka	I-118
Jai jai rāmakṛṣṇa	I-118
Jai rādhā mādhava	I-119
Jaya jaya ārati	I-120
Jaya jaya dēvī	I-121
Jaya ōm śrī mātā	I-123
Jaya rāma jānaki rāma	I-123
Kaitozhunnen kṛṣṇa	I-123
Kāliṇa kāṇān (nārāyaṇā harē)	I-124
Kāmēśa vāmākṣi kāmadē	I-126
Kanivin poruḷē	I-128
Kaṇṇaṭachālum	I-129
Kaṇṇane kāṇān	I-131
Kaṇṇā nī enne	I-132
Kaṇṇante kāloccha	I-133
Kaṇṇileṅkilum	I-134
Kaṇṇunīr illātta	I-135
Kaṇṇunīrkondu	I-136
Karāravindēna	I-137
Karimukil varṇṇan	I-138
Karuna nīr kaṭale	I-139

Karuṇālayē dēvi	I-140
Karuṇa tankaṭamizhi	I-141
Kāruṇya murttē	I-142
Kāruṇya vāridhe	I-143
Kastūri tilakam	I-144
Kātinnu kātāyi	I-144
Kaṭutta śokamām	I-146
Kāyā pīya	I-148
Kezhunnen mānasam ammā	I-149
Keśava nārāyaṇa	I-150
Kōṭānu kōṭi	I-151
Kṛṣṇa kanaiyya	I-152
Kṛṣṇa kṛṣṇa mukunda	I-153
Kṛṣṇa kṛṣṇa rādhā	I-154
Kṛṣṇa mukunda	I-155
Kumbhōdara varadā	I-155
Lambōdara pāhimām	I-156
Mādhava gopal	I-156
Mathurādhipatē	I-157
Malarum manavum	I-158
Manamē narajīvitam	I-159
Manasā vāchā	I-160
Manassē nin svantamāyi	I-162
Manda hāsa	I-164
Mangala ārati	I-165
Mannāyi maṛayum	I-166
Manō buddhya	I-167
Mārā yadukula	I-168
Martyare samsāra	I-169
Mauna ghanāmṛtam	I-171
Mūka gānam	I-172
Mūka hṛdaya	I-173

Nanda kumāra	I-174
Nandalāl	I-174
Nandalālā yadu	I-175
Nārāyana hari	I-175
Nī ente veḷiccham	I-179
Nīlāmbūja	I-180
Nīlamēghaṅgalē	I-181
Nin ōrmakaḷ	I-181
Nin prēmam	I-182
Niṛamillā	I-184
Nirmala snēhamē	I-185
Om bhadrakālī	I-186
Ōmkāra brahmattin	I-187
Ōmkāra divya porūḷe 1	I-188
Omkāra divya poruḷē 2	I-196
Ōmkāra divya poruḷe 4	I-206
Ōmkāra mengum	I-215
Oru nālil ñān en	I-217
Orunālil varumō	I-218
Orutuḷḷi snēhamen	I-219
Pakalantiyil	I-220
Pālkkaṭal naṭuvil	I-221
Paramaśiva mām pāhi	I-223
Parasahasra	I-224
Parāśakti	I-225
Parihāsa pātramāyi	I-226
Pariṇāmam iyalātta	I-227
Paurṇami rāvil	I-228
Pizhayentu cheytu	I-229
Pōvukayāyō kaṇṇā	I-230
Prabhu mīśam	I-231
Prapañcham engum	I-233

Pratilōmaśaktitan I-234
Prēma prabhō lāsinī I-235
Rādhā ramaṇa I-236
Rādhe gōvinda gōpi I-237
Rādhē śyāma I-238
Raghu nandana I-238
Rāja rāma I-239
Rāmakṛṣṇa gōvinda I-239
Rāma kṛṣṇa prabhutū I-240
Rāma nāma tārakam I-241
Rāma rāma rāja rāma I-241
Rāma smaranam I-242
Sadā nirantara I-243
Sadgurō pāhimām I-243
Sadguru brahma I-244
Sakala kalā dēvatē I-244
Śakti rūpē I-245
Samsāra duḥkha śamanam I-249
Sarvam brahma mayam I-250
Sachidānanda guru I-251
Śyāma sundara I-252
Sīta rām bol I-255
Śiva śiva hara hara I-256
Śivāya parameśvarāya I-257
Skanda jananī I-257
Snēha sudhāmayi I-258
Śrī chakram I-259
Śri kṛṣṇa śaraṇam I-261
Śri rāma nāmamu I-263
Śri rāma rāma nāmam I-264
Śri rāmachandra I-265
Śri vināyaka I-266

Sṛṣṭiyum nīye	I-266
Sundarī nī vāyō	I-267
Svāgatam kṛṣṇa	I-268
Tava sannidhānattil	I-269
Tāyē tava tanayaril	I-270
Ulakattinādhāra	I-271
Uttama prēmattin	I-271
Uyirāyi oḷiyāyi	I-272
Vandē nandakumāram	I-273
Vandikkunnēn	I-275
Vannālum ambikē	I-276
Varaḷunna hṛdayattil	I-277
Vasudēva putranē vā	I-278
Vēdāmbikē	I-279
Vedānta vēnal	I-280
Vināyaka vināyaka	I-281
Vinaya mānasam	I-282
Viśva vimōhinī	I-283
Viśvavimōhiniyē	I-284
Yādavanē	I-286
Yaśōda kē bālā	I-286
Slokas et mantras	**I-288**

www.ingramcontent.com/pod-product-compliance
Lightning Source LLC
Chambersburg PA
CBHW071207090426
42736CB00014B/2736
* 9 7 8 1 6 8 0 3 7 6 4 0 1 *